424

# LES AMOVRS DE TRISTAN.

A PARIS,
Chez PIERRE BILLAINE, ruë Sainct Iacques,
à la bonne Foy, deuant Sainct Yues.
ET
Chez AVGVSTIN COVRBE', Imprimeur &
Libraire de Monseigneur Frere du Roy, dans la
petite Salle du Palais, à la Palme.

M. DC. XXXVIII.
*Auec Priuilege du Roy.*

# A
# MONSIEVR
# MONSIEVR
# LE COMTE
# DE NANÇAY.

ONSIEVR,

*C'est auec beaucoup de raison que ie vous offre ces Vers d'amour, puis qu'il y en a vne partie que vous auez treuueZ dignes de conseruer en vostre me-*

ã iij

moire; & d'autres que vos propres paſſions ont fait produire; puis j'oſe dire que vous honorez de voſtre eſtime depuis vn aſſez long-temps celuy qui les a compoſez. S'il vous plaiſt que voſtre nom les deffende, MONSIEVR, ils n'auront point à craindre en allant par le monde, les Monſtres que leurs pareils y rencontrent: L'Enuie n'aura garde de les oſer attaquer, les voyant marcher ſous la protection des Vertus, & des Graces qui vous accompagnent: Elle eſt auiourd'huy trop bien perſuadée de la grandeur de voſtre merite, pour ne porter pas de reſpect aux choſes que vous auoüez. Si voſtre modeſtie me permettoit de repreſenter icy vos excellentes qualitez, ie ferois voir comme vous auez paſſé pour vne Merueille de la Nature dés voſtre plus tendre ieuneſſe; ſoit par l'éclat d'vn Esprit qui sçait démesler en vn moment les choses les plus difficiles; soit par les effets d'vne memoire sans pareille, soit par vne grace d vous expliquer, qu'on n'obtient guere bien du Ciel. Ie dirois combien, cette noble audace qui s'est toûjours si glorieusement conseruée en ceux de vostre Maison, vous rend amoureux des perils, & vous fait auancer auec ardeur, par tout où l'honneur vous appelle: Enfin, MONSIEVR, i'aprendrois aux Etrangers vne verité qui est cogneuë de toute la France: C'est qu'il y a peu de Seigneurs en ce Siecle qui soient accomplis comme vous estes; Et que c'est dignement que vous portez l'Illustre nom de la CHASTRE & que vous marchez sur les pas de ces fameux Ancestres qui par vne si longue suite d'années ont merité qu'vne des plus belles & des *plus importantes charges de la Cour, fuſt comme annexée à leur fidelité. Mais* MONSIEVR, *ie m'imagine que ie bleſſe voſtre retenuë, encore que ie ne face que toucher legerement à voſtre gloire: ie ſçay que vos loüanges vous font peine, bien qu'elles ſoient auſſi veritables que la paſſion que i'ay de vous teſmoigner que ie ſuis,*

MONSIEVR,

Voſtre tres-humble, & tres-obeyſſant ſeruiteur,

TRISTAN l'Hermite.

# AVERTISSEMENT.

Voicy des premieres productions de mon esprit, & des effets de ma jeunesse: Il faut que le Primtemps pousse des fleurs, auant que l'Automne produise des fruits. C'est vn ordre de la Nature qui se rencontre dans le cours de nôtre vie, comme dans celuy de l'année. Aussi ie vous donne ces ouurages qui sont faits seulement pour plaire, attendant que i'en mette d'autres au jour, qui puissent plaire & profiter tout ensemble. Cela fera voir, que pour reparer la perte du temps que i'ay employé à écrire sur des matieres vaines & fragiles, i'ay mis aumoins quelques loisir en des trauaux plus vtiles & plus serieux: Cependant voyez ces Vers, où ne les voyez pas; & les chargez selon vôtre goust, de loüanges ou de censures; pour moy ie vous en diray librement mes sentimens: Comme ie ne fuis plus dans l'humeur de tirer aucune gloire de l'eſtime qu'on fait de mes erreurs; auſſi ne me piquay-ie guerre des deffauts qu'on y remarque. Apres tout, qu'elle honte y a-t'il de n'exceller pas a bien eſcrire ſur des matieres ou l'on ne peut reüſſir raiſonnablement, ſans faire pareſtre qu'on a perdu la raiſon?

# LE PRELVDE,
## SONNET.

IE n'eſcry point icy l'embraʒement de Troye,
Ses larmes, ſes ſouſpirs, & ſes cris éclatans,
Ny l'effroy qui ſaiſit ſes triſtes habitans
Lors que des Grecs vainqueurs ils ſe virent la proye.

I'y dépeins ſeulement les pleurs dont ie me noye,
Le feu qui me conſume, & les deuoirs conſtans
Qu'auecque tant de ſoing i'ay rendus ſi long temps
A celle dont l'orgueil au ſepulcre m'enuoye.

Auſſi ie n'atten pas que le bruit de mes vers,
Portant ma renommée au bout de l'Vniuers,
Eſtande ma memoire au delà de ma vie :

I'en veux moins acquerir d'honneur que d'amitié ;
Les autres ont deſſein de donner de l'enuie,
Et le point où i'aſpire eſt de faire pitié.

# LES AMOVRS

## AVX CONQVERANS
### Ambitieux.

#### SONNET.

VOVS que l'Ambition dispose à des efforts
Que n'oseroit tanter vn courage vulgaire :
Et qui vous conduiriez iusqu'au seiour des morts
Afin d'y rencontrer dequoy vous satisfaire.

Voulez vous butiner de plus riches tresors
Que n'en ont tous les lieux que le Soleil esclaire ?
Sans courir l'Ocean, ny rauager ses bors,
Venez voir ma Princesse, & taschez de luy plaire.

Vous pourriez conquerir, s'il plaisoit au Destin
Les terres du Couchant, les climats du matin,
Et l'Isle dont la Rose est la Reine de l'onde :

Vous pourriez asseruir l'Estat des fleurs de Lys,
Vous pourriez imposer des loix à tout le Monde,
Mais tout cela vaut moins qu'vn baiser de Philis.

## L'EXCVSABLE Erreur.

### SONNET.

QVE l'obiect est diuin qui s'est fait mon vainqueur!
Qu'il a de iugement, qu'il a de cognoissance!
Amour, auec raison ie benis ta puissance
D'auoir si bien graué son image en mon cœur.

Bien qu'elle ait ordonné que ie viue en langueur
Auec tant de contrainte, & si peu de licence ;
I'ose mesme auoüer que i'aime sa rigueur,
Puis que sa cruauté garde son innocence.

Philis est sans exemple, & qui sçait les clartez
Dont ses rares vertus releuent ses beautez,
Ne sçauroit limiter l'honneur qu'on luy doit rendre.

Si ie l'adore aussi ; pardonnez moy grands Dieux;
En vn pareil sujet on se peut bien mesprendre.
Il n'est rien icy bas qui vous ressemble mieux.

# LES TOVRMENS
## agreables.

### SONNET.

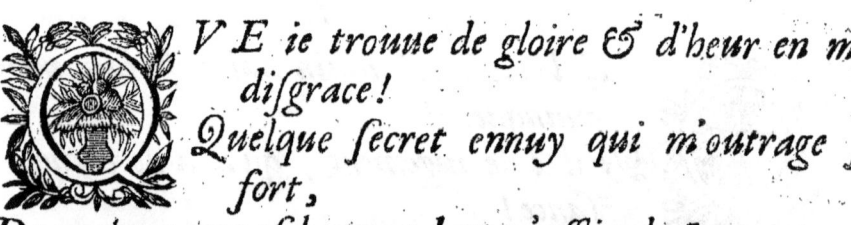
QVE ie trouue de gloire & d'heur en ma
  disgrace!
Quelque secret ennuy qui m'outrage si
  fort,
De quelque empeschement dont m'afflige le Sort,
Et de quelque rigueur dont Philis me menace.

Encore que mes feux ne fondent point sa glace,
Mourant pour son sujet, i'auray ce reconfort
Qu'il sera mal-aisé qu'vne plus belle mort
Puisse iamais punir vne plus belle audace.

Pour le moins ma meurtriere a mille qualitez,
Elle a mille vertus, elle a mille beautez,
Et mille doux appas dont la force est extréme.

On l'estime à son teint la Courriere du iour,
Quand on l'entend parler, c'est Minerue elle mesme,
Et lors qu'elle sousrit, c'est la Mere d'Amour.

# LE DESPIT
## corrigé.

### SONNET.

C'EST trop long temps combattre vn or-
gueil inuincible
Qui braue ma constance, & ma fide-
lité.
Ne nous obstinons plus dans la temerité
De vouloir aborder ce roc inaccessible.

Tournons ailleurs la voile, & s'il nous est possible
Oublions tout à fait ceste ingrate Beauté,
Ne pouuans conceuoir qu'auecque lascheté
Tant de ressentimens pour vne ame insensible.

Mais que dis tu mon cœur? aurois tu consenty
Au perfide dessein de changer de party,
Seruant comme tu fais vn obiect adorable?

Non, non, celle que i'aime est d'vn trop digne prix,
Et tout autre Sujet n'est pas mesme capable
De faire des faueurs qui vaillent ses mespris.

## LA NEGLIGENCE
### auantageuse.

#### SONNET.

E furpris l'autre iour la Nymphe que i'adore,
Ayant fur vne iupe vn peignoir feulement;
Et la voyant ainfi l'on euſt dit proprement
Qu'il fortoit de fon lict vne nouuelle Aurore.

Ses yeux que le fommeil abandonnoit encore,
Ses cheueux autour d'elle errans confusément
Ne lierent mon cœur que plus eſtroictement,
Ne firent qu'augmenter le feu qui me deuore.

Amour, fi mon Soleil bruſle dés le matin,
Ie ne puis efperer en mon cruel deſtin
De voir diminuer l'ardeur qui me tourmente.

Dieux! quelle eſt la Beauté qui cauſe ma langueur?
Plus elle eſt negligee, & plus elle eſt charmante,
Plus fon poil eſt efpars, plus il preſſe mon cœur.

## LES CHEVEVX
## blonds.

### SONNET.

FIN or de qui l'esclat est sans comparai-
    son,
Clairs rayons d'vn Soleil, douce & subti-
    le trame
Dont la molle estenduë a des ondes de flame
Où l'Amour mille fois a noyé ma raison.

Beau poil vostre franchise est vne trahison ; (me?
Faut-il qu'en vous monstrant vous me cachiez Mada-
N'estoit-ce pas assez de captiuer mon Ame,
Sans retenir ainsi ce beau corps en prison ?

Mais, ô doux flots dorez, vostre orgueil se rabaisse,
Souz la seuerité d'vne main qui vous presse,
Vous allez comme moy perdre la liberté.

Et i'ay le bien de voir vne fois en ma vie
Qu'en liant le beau poil qui me tient arresté,
On oste la franchise à qui me l'a rauie.

# LA BELLE
## malade.

### SONNET.

AMOUR ie t'auertis qu'vne fieure cruelle
Est preste d'enuoyer Phillis dans le tombeau,
Et c'est vn bruit commun que tu vas perdre en elle,
Tout ce que ton Empire eut iamais de plus beau.

La neige de son corps se resout toute en eau;
Tempere son ardeur du doux vent de ton aisle,
Et luy serrant le front auecque ton bandeau,
Hausse de ton carquois le cheuet de la belle.

Mais s'il faut que la mort vienne pour l'assaillir
Amour, fais qu'elle puisse heureusement faillir,
Change son dard funeste en vn doux traict de flame.

Afin qu'executant vn coup si hazardeux,
Lors qu'elle percera le beau sein de Madame
Pensant perdre vne vie, elle en conserue deux.

A DES

# A DES CIME-
tieres.

## SONNET.

SEIOVR melancolique, où les ombres do-
lentes
Se pleignent chaque nuict de leur aduer-
sité,
Et murmurent tousiours de la necessité
Qui les contraint d'errer par les tombes relantes.

Ossemens entassez, & vous pierres parlantes
Qui conseruez les noms à la posterité;
Representans la vie & sa fragilité,
Pour censurer l'orgueil des Ames insolentes.

Tombeaux, pasles tesmoins de la rigueur du Sort,
Où ie viens en secret entretenir la mort
D'vne Amour que ie voy si mal recompensee:

Vous donnez de la crainte & de l'horreur à tous;
Mais le plus doux obiect qui s'offre à ma pensee
Est beaucoup plus funeste & plus triste que vous.

B

# LA IALOVSIE
## mal fondée.

### SONNET.

ELLE qu'estoit Diane alors qu'impru-
demment
L'infortuné Chasseur la voyoit toute
nuë,
Telle dedans vn bain Dorinde s'est tenuë,
N'ayant le corps vestu que d'vn moite Element.

Quelque Dieu dans ces eaux caché secretement,
A veu tous les appas dont la belle est pourueuë:
Mais s'il n'en auoit eu seulement que la veüe
Ie serois moins ialoux de son contentement.

Le traistre, l'insolent, n'estant qu'vne eau versee,
L'a baisee en tous lieux, l'a tousiours embrassee;
I'enrage de colere à m'en ressouuenir.

Cependant cét obiect dont ie suis idolatre,
Durant tous ces excés n'a fait pour le punir
Que donner à son onde vne couleur d'albastre.

# POVRTRAIT D'VNE
rare beauté.

### SONNET.

**P**ENSER audacieux, pourray-ie t'exprimer,
Pourray-ie executer ce que tu me proposes,
Et dépeindre en ces vers tant d'adorables choses
Que l'Enuie elle mesme est contrainte d'aimer?

Amour assiste moy, commençons à former
Son visage de lys & sa bouche de roses,
Où dans vn double rang des perles sont écloses,
Qui n'ont iamais paré les Nymphes de la mer.

Faisons ce teint de neige, & composons de flame
L'esclat de ses beaux yeux, de ces Rois de mon Ame,
Par qui l'Astre du iour se verroit effacer.

Dieux! le pourtrait d'Iris est si beau qu'on l'admire:
Mais la Nature en elle a voulu surpasser
Tout ce qu'on peut penser, & tout ce qu'on peut dire.

# APPREHENSION
## d'vn Départ.

### SONNET.

ON me vient d'auertir que tu t'en vas d'icy
Iris diuin obiect dont mon Ame est rauie,
Qu'vne Ayeule est malade, & qu'vn pieux soucy
A te rendre auprés d'elle auiourd'huy te conuie.

Peux tu bien consentir à me laisser ainsi?
S'il faut que ce départ soit selon ton enuie,
Comme il est resolu mon trespas l'est aussi,
Et le mal de l'absence acheuera ma vie.

Quoy tu ne me dis rien dans ces extremitez?
Ah! par ceste froideur mes iours sont limitez;
Adieu donc, ô Beauté d'insensible courage;

Puis que ma passion ne t'en peut diuertir,
Nous ferons à mesme heure vn different voyage,
Mon Ame est comme toy toute preste à partir.

# PLAINTE A
l'Amour.

## SONNET.

TOY qui de mon erreur es l'aueugle complice,
Enfant né dans le crime, & dans la trahison,
Puis que ta violence a si peu de raison
Ie veux dire tout haut quelle est ton iniustice.

Amour, tu veux que i'aime vne belle prison,
Et tu m'y viens gesner d'vn eternel supplice,
Me nourrissant tousiours d'vn si cruel poison
Que pour m'en déliurer ie cherche vn precipice.

Celle dont les appas ont engagé mon cœur,
Traite mes passions auec tant de rigueur
Que sur moy sa colere à tous propos esclate;

Et tout ce qui l'oblige à tant de cruautez,
C'est que mes sentimens pour loüer ceste ingrate
Mesprisent auiourd'huy les plus rares Beautez.

# L'AVIS CONSIderable.

## SONNET.

OVRCE de mes tourmens, obiect inexorable,
Dont les ieunes appas triomphent de mon cœur,
O cruelle Siluie, il est bien miserable
Qui tombe entre les mains d'vn insolent vainqueur!

Insensible sujet qui ris de ma langueur;
Et te mocquant de voir vn mal incomparable,
Fais vanité de ioindre vne extrême rigueur
A l'extréme Beauté qui te rend adorable.

Si tu traictois ma flame auec moins de mespris
Tu pourrois t'asseurer que bien tost mes escrits
Te rendroient immortelle en despit de l'Enuie.

Quel bien retires tu de cét excés d'orgueil?
Il abrege ta gloire en abregeant ma vie,
Et te priue d'vn Temple en m'ouurant le cercueil.

# LA BELLE EN
dueil.

## SONNET.

QVE vous auez d'appas belle nuict ani-
 mee!
Que vous nous apportez de merueille &
 d'Amour:
Il faut bien confesser que vous estes formee
Pour donner de l'enuie & de la honte au iour.

La flame esclate moins à trauers la fumee
Que ne font vos beaux yeux souz ce funeste atour,
Et de tous les mortels, en ce sacré seiour,
Comme vn celeste Obiect vous estes reclamee.

Mais ce n'est point ainsi que ces Diuinitez
Qui n'ont plus ny de vœux ny de solemnitez,
Et dont l'Autel glacé ne reçoit point de presse.

Car vous voyant si belle, on pense à vostre abord
Que par quelque gageure où Venus s'interesse,
L'Amour s'est deguisé souz l'habit de la Mort.

# L'HVMEVR ingrate.

### SONNET.

AR la malignité d'vne Estoille inconnuë
Dont le pouuoir s'applique à me tyranniser;
En adorant Philis, ie m'en fay mespriser,
Et plus mon feu s'accroist, plus le sien diminuë.

S'il faut qu'à s'augmenter sa froideur continuë,
A l'enuy de l'ardeur qui me vint embraser:
Ie ne croy pas iamais en auoir vn baiser,
Ny luy voir seulement vne main toute nuë.

Apres tant de souspirs & de pleurs respandus,
Apres tant de loisirs & de pas desspendus
Voila ce que remporte vne amour si fidelle:

Et son ingrate humeur me reduit à tel point
Que mon dernier secret, pour me faire aimer d'elle,
Est de faire semblant que ie ne l'aime point.

L'AME

# L'AME INSEN-
## sible.

### SONNET.

Fierté sans exemple! ô rigueur sans se-
conde!
A quel mal-heur, ô Dieux, m'auez vous
destiné,
Et quel crime ay-ie fait pour me voir condamné
A me plaindre tousiours sans que l'on me responde?

Aux peines que ie prens ie seme dessus l'onde,
Et flattant les beaux yeux qui m'ont empoisonné
Ie ne puis esmouuoir vn courage obstiné
D'vne amour qui pourroit esbranler tout le Monde.

Pleuray-ie incessamment, on se rit de mes pleurs,
Monstray-ie mes soucis, on les prend pour des fleurs,
Contay-ie mon ardeur, on ne croit point ma flame,

Et lors que i'ay la Terre & les Cieux pour tesmoins,
Qu'auec le plus d'excés on outrage mon ame,
C'est quand on fait semblant qu'on y pense le moins.

# LES REMEDES
## inutiles.

### SONNET.

CHEF d'œuure sans exemple, où l'Art & la Nature
Ont employé leur soin si liberale-
ment,
Toy qui par tes secrets peus si facilement
Conduire tes amis loin de la sepulture.

De Lorme, ie t'implore en ma triste auanture :
Ie suis dedans le sein blessé cruellement,
Et tout ce que i'ay fait pour mon soulagement
N'a rien fait iusqu'icy qu'irriter ma blessure.

Ie sens dans mes humeurs vn grand feu s'embraser :
Trauaillé de douleurs ie ne puis reposer,
Et n'espere plus rien qu'en ton sçauoir extresme.

Mais que peux-tu fournir qui serue à ma langueur.
Las ! i'ay le cœur atteint, & tu m'as dit toy mesme
Qu'il n'est point de remede aux blessures du cœur.

# LE CABAliste.

## SONNET.

SPRIT qu'on voit briller de clairtez eminentes,
Toy qui de l'Vniuers connois chaque ressort,
Et qui sçais la vertu, la force, & le rapport
Des Cieux, des Elemens, des pierres & des plantes.

Obseruant la Nature aux formes inconstantes,
Tu lis tous les decrets que minute le Sort,
Et peus haster le cours, ou reculer la mort
De tout ce que le Monde a de choses viuantes.

Mais quoy, ne m'apprens rien qui me face enrichir,
Qui me conserue ieune, ou me puisse affranchir,
De la flame, de l'eau, de la peste, ou des armes.

S'il faut que mon humeur ait pour toy des appas,
Seulement, cher Timandre, enseigne moy des charmes
Qui m'empeschent d'aimer ce qui ne m'aime pas.

## LES VAINES imprecations.

### SONNET.

EXE ingrat & leger, deffaut de la Nature,
  Sans foy, sans iugement, & sans election,
Qui changes en vn iour cent fois d'affection,
N'aimant que par caprice, & que par auanture.

Afin que ma vangeance égale mon iniure
  Ie veux ainsi que toy suiure ma passion,
Et décrier si fort ton imperfection
Qu'elle soit detestable à la Race future:

Mais quel transport t'égare ? vne rare Beauté
  Que tu nommes ta Reine & ta Diuinité,
T'impose la douceur dans le sang & la flame.

Vn Romain dont l'Histoire a ses traits embellis,
  Fit grace à tout vn peuple en faueur d'vne femme,
Fay grace à tout vn sexe en faueur de Philis.

# LA VAN-
## geance.

### SONNET.

CLIMPE, en me quittant, vous m'auez
    fait plaisir;
De bon cœur ie rens grace à vostre ingrati-
    tude,
Puis qu'elle m'a tiré de ceste seruitude
Où i'auois trop perdu de peine & de loisir.

Vn plus digne sujet arrestant mon desir,
    Me donne plus de ioye & moins d'inquietude;
Et quand i'en receurois vn traictement plus rude,
C'est le plus beau destin que ie voudrois choisir.

Vne chose m'afflige en seruant ceste Belle,
    C'est que la cognoissant, ieune, chaste, & fidelle,
Auecque des appas qui peuuent tout rauir,

Ie voy que ie ne puis offrir à sa puissance
    Que ceste mesme foy dont ie vien de seruir
La mesme Perfidie, & la mesme Inconstance.

# L'INNOCENTE
## trompée.

### SONNET.

CETTE ieune Beauté dont ie fais tant d'e-
stime,
Et que Daphnis adore auec tant de rai-
son ;
Cét obiect sans deffauts, & sans comparaison,
Qui n'a pas vn penser qui ne soit legitime.

Amaranthe est trahie, ô detestable crime !
Et sans s'apperceuoir de ceste trahison,
De la main d'vn Barbare elle prend du poison,
Et s'auance à sa perte innocente victime.

Celuy qui la trahist, m'en a dit le secret,
Ie n'en puis voir le cours sans mourir de regret,
Et ie pers mon Amy s'il faut que ie le die.

Mais il se faut resoudre en ceste extremité,
Car mes ressentimens par vne perfidie
La doiuent asseurer de ma fidelité.

# LE DESPIT
## salutaire.

### SONNET.

DESPIT altier Enfant d'vn desdain ri-
    gour*eux*
Dont on fait vanité lors qu'on me deses-
    pere;     (reux,
Vien rompre d'vn grand coup les fers d'vn mal-heu-
Et te rends dans mon Ame aussi fier que ton Pere.

Ostons nous d'vn sentier inégal & pierreux,
    Où l'on ne trouue en fin qu'vne longue misere;
    Les Roses qu'on y void dont i'estois amoureux,
Couurent de leur esclat vne noire vipere.

Souz vn aimable teint, ceste ieune Beauté
    Loge l'ingratitude auec la cruauté
    Pour gesner ses Amans d'vn eternel martyre.

De moy, qui n'aime point les longs sujets de pleurs,
    Quand ie voy qu'vn serpent souz des fleurs se retire,
    I'abhorre à mesme temps le serpent & les fleurs.

# LA PLAINTE
### escrite de sang.

### SONNET.

INHVMAINE Beauté dont l'humeur insolente,
En mesprisant mes vœux, se rit de ma langueur,
Ie veux conuaincre icy ton ingrate rigueur
Par les vifs argumens d'vne raison sanglante.

Ces vers sont de ma flame vne preuue euidente,
Et tous ces traits de pourpre en font voir la grandeur:
Cruelle, touche les pour en sentir l'ardeur,
Ceste escriture fume, elle est encore ardante.

Voy nâger dans le sang mes esprits desolez;
Pour appaiser ta haine ils se sont immolez
D'vne deuotion qui n'eut iamais d'exemple.

Et si prés de mon cœur il en est demeuré
C'est afin seulement de conseruer le Temple
Où ton diuin Portrait est tousiours adoré.

# LE RESPECT
## tyrannique.

### SONNET.

IL n'est point de tourment pareil à mon martire,
   Vn Object tout Diuin me force à l'adorer;
Et le voulant seruir, ie voy que ie desire
Des honneurs qu'vn mortel ne doit pas esperer.

Qu'est-ce qu'en ma douleur ie puis deliberer,
   Lors que traictant mon Ame auec vn mesme Empire,
L'Amour & le respect ne peuuent endurer
Que ie cele mon mal, ny que ie l'ose dire?

Dans les extremitez de ceste passion
   Dont l'ardeur est esgale à la discretion,
Appren moy ma Raison, quel conseil ie dois suiure?

Sans espoir de secours ie souffre nuict & iour,
   Et quand ie veux mourir, ie suis contraint de viure
De crainte que ma mort parle de mon amour.

## LE VOL TROP hautain.

### SONNET.

C'EST trop d'oser aimer vne Diuinité,
Gardons de souspirer parmy la violence ;
Il faut que mon respect par vn profond silence
Responde à la grandeur de ma fidelité.

Obiect digne & charmant, mais plein de cruauté,
I'ay seruy sans espoir, ie meurs sans repentance,
Et l'on peut me nommer vn Phenix en constance
Que prend pour sa victime vn Soleil en beauté.

O merueille d'Amour, produite pour ta gloire
Dont tu dois pour le moins conseruer la memoire
Si tu n'es obligee à regretter mon Sort.

Ie donne tous mes soins, & n'en veux rien attendre,
On n'a point sceu mon mal, & ie me trouue mort,
On n'a point veu ma flame, & ie suis tout en cendre.

# LA FATALITÉ d'Amour.

### SONNET.

COMMENT, ie l'aime encore, & ne puis me distraire
   D'obseruer tous les iours sa grace & ses appas ?
O cruelle influence à mon bon-heur contraire
Qui me forces d'aimer ce qui ne m'aime pas!

Puisque de ma raison le conseil salutaire
   N'a pas eu le pouuoir d'en destourner mes pas;
Il faut à la faueur d'vne mort volontaire
S'affranchir d'vn tourment pire que le trespas.

Sortons, sortons par là de ceste seruitude,
Où la beauté s'accorde auec l'ingratitude
Pour chercher de la gloire à nous faire du mal.

Et cessant de mourir d'vne mort continuë,
Allons voir si l'Enfer est vn supplice égal
A celuy d'vne amour qui n'est point reconnuë.

# L'ABSENCE
## ennuyeuse.

### SONNET.

QVE le mal de l'absence est cruel aux Amans !
 Et qu'il rend mon humeur melancolique &
 noire !
Pour moderer mes maux ou mes ressentimens:
Dieux, rendez moy Phillis, ou m'ostez la memoire.

Les obiects les plus doux me sont des monumens
 Depuis que ceste Belle a repassé la Loire;
Et i'esprouue depuis de si cruels tourmens,
Que sans les ressentir, on ne les sçauroit croire.

I'esperois en voyant ce bel Astre d'Amour,
 Qu'à iamais sa clarté me donneroit le iour:
Mais elle est à mes yeux pour long temps éclipsee:

Et i'apprehende bien d'auoir vn Sort pareil
 Au sort des habitans de ceste Mer glacee
Qui demeure six mois sans reuoir le Soleil.

# LES SECRETTES
## consolations.

### SONNET.

ENCORE que ie pleure, & bien que ie souspire,
 Ce n'est pas que mon cœur plaigne sa liberté:
 Puis-ie la regretter seruant vne Beauté
 Dont les moindres faueurs valent mieux qu'vn Empire?

Ie despite l'Enuie, & les traits qu'elle tire,
 Ma constance & ma foy brauent sa cruauté;
 Et par quelques rigueurs dont ie sois tourmenté,
 La Palme glorieuse est iointe à mon martyre.

Quoy que d'vn vieux ialoux l'artifice ait produit,
 I'entretiens en secret Orante iour & nuit:
 Mais, que sa chasteté n'en soit point offensee.

Ie luy parle sans cesse & la vois en tous lieux,
 Car tousiours mon amour fait faire à ma pensee
 L'office de ma langue, & celuy de mes yeux.

D iiij

# LE DESPART
## forcé.
### SONNET.

TYRAN qui de ma vie absolument disposes,
Honneur tu m'as bien tost pressé de m'en aller;
Cependant tout le bien qu'ailleurs tu me proposes,
Est vn mal dont mon cœur ne se peut consoler.

Faut-il donc s'esloigner de tant de belles choses
Pour acquerir vn bruit qui n'est rien que de l'air?
Et pour suiure la guerre abandonner des Roses
Que les plus beaux Lauriers ne sçauroient égaler?

Mais, Amour, qui te dis le Monarque des Ames,
Toy qui dans ses beaux yeux tout couronné de flames
Te maintiens en l'estat d'vn Vainqueur triomphant;

Souffres tu que l'honneur trauerse mon enuie,
Et que sur ce despart, Mars te traite en Enfant,
Toy qui l'as desarmé mille fois en ta vie?

# L'AMANTE
## soupçonneuse.
### SONNET.

VOVS dont la chere Image erre deuant mes yeux,
Et que ie voy touſiours de ceux de la penſée ;
Vous diuertiriez vous quand ie pleure en ces lieux,
Beaux lieux triſtes teſmoins de ma gloire paſſée?

Amour le plus cruel & le plus grand des Dieux,
D'vne ſecrete peur rend mon ame glacée ;
C'eſt que ſans redouter la iuſtice des Cieux
Par quelque changement vous m'ayez offencée.

S'il faut qu'il ſoit ainſi, Daphnis, ie veux mourir
Ie n'ay plus de deſir que celuy de courir,
Ou vers vne riuiere, ou vers vn precipice.

Car vn deſtin barbare à ma fidelité
Veut que par trop d'amour i'eſpreuue le ſuplice
Que par trop peu de foy vous auez merité.

# LES TRISTES
## Considerations.

### SONNET.

PVISQVE par mes deuoirs, inhumaine Siluie,
Voſtre rigueur s'irrite auec tant de tranſ-
port,
Apres tant de deuoirs, ie voy bien que ma mort
Sera le triſte prix de vous auoir ſeruie.

Ie veux bien contenter voſtre cruelle enuie,
Et finir d'vn beau coup vn ſi funeſte Sort,
Eſteignant deuant vous par vn dernier effort,
Le feu de mon amour, & celuy de ma vie.

Mais, helas! ie crains bien qu'vn ſouuenir ſi beau
Me perſecute encore au delà du tombeau,
Pourſuiuant mon eſprit ſur les riuages ſombres;

Et qu'vn eſloignement m'afflige deſormais,
Car de vous penſer voir en l'Empire des Ombres,
Les Aſtres comme vous n'y deſcendent iamais.

## LES VAINES douceurs.

### SONNET.

Je n'ay plus de relasche au soucy qui me ronge,
Depuis que ma Philis s'esloigna de ces lieux ;
Si ce n'est que la nuict il m'arriue qu'en songe
Ce bel Astre d'Amour se presente à mes yeux:

Alors dans les douceurs où ceste erreur me plonge,
Ie croy que des Enfers ie monte dans les Cieux:
Et ie renoncerois à la gloire des Dieux
Si ma felicité n'estoit point vn mensonge.

Philis en vn moment par vn charme si doux
Se iette entre mes bras malgré tant de ialoux,
Et tant d'empeschemens qui sont si difficiles.

Sommeil dont la bonté merite des Autels,
Si les biens que tu fais n'estoient point si fragiles
Tu serois le plus grand de tous les Immortels.

E

## LA FAVSSE persuasion.

### SONNET.

LINDE, vos appas ont enchanté mes sens,
Vos beaux yeux ont versé du poison dans mon Ame,
Et vos honteux regards sont des traicts innocens
Contre qui la Raison ne sçait point de Dictame.

Les Dieux qui sont ialoux des peines que ie sens
Bruslent pour vous là haut d'vne secrete flame,
Et comme eux vous auriez des vœux & de l'encens
Si vous n'estiez point sourde alors qu'on vous reclame.

Perdez pour vostre honneur ces inhumanitez,
Ayez ceste douceur qu'ont les Diuinitez
Qui ne s'offencent point voyant qu'on les adore.

Que ie n'implore point en vain vostre secours,
Et qu'il ne soit pas dit qu'vne nouuelle Aurore
Ait voulu presider à la fin de mes iours.

## LA BE-
ueuë.

### SONNET.

OVS vous trompez mes yeux, elle n'est pas si belle
Que vous la dépeigniez à ma credu-
lité :
Comparant la peinture auec la verité,
Ie puis vous accuser d'vn rapport infidelle.

Faites donc desormais meilleure sentinelle,
Employez à garder ma chere liberté ;
Et ne vous troublez plus de voir vne Beauté
Dont le trompeur esclat surprend à la chandelle.

Reuoyant cét Obiect à la clarté du iour,
Vous portez ma raison à bannir cét amour
Qui par vostre surprise en mon cœur fit retraite:

Et dans l'heureux estat où mes sens sont remis,
Mes pensers font ainsi qu'vne troupe deffaite,
Qui soudain se rallie & bat ses ennemis.

E ij

## LES DE-
lires.

### SONNET.

JE suis prest à mourir, voicy mon dernier
 iour ;
 Ie ne voy plus Philis, & le Ciel que i'im-
 plore
Pour comble de mal-heurs veut adiouster encore
La chaleur de la fieure à celle de l'Amour.

Alors que le Soleil prepare son retour,
 Et que les prez sont pleins des larmes de l'Aurore,
 Quelque fois en dormant ie me trouue au seiour
Où vient de s'en aller la Beauté que i'adore.

Surpris en la voyant par ceste douce erreur,
 Moy qui n'apperçois plus que des obiects d'horreur,
 Et dont les tristes yeux ne s'ouurent plus qu'aux lar-
            (mes.

Ie croy que du trespas i'ay ressenty l'effort,
 Et que tant de beautez, de graces, & de charmes
Sont les felicitez qu'on trouue apres la mort.

## LES SONGES funestes.

### SONNET.

CETTE nuict en dormant d'vn somme inquieté,
  I'ay tousiours combattu de tristes resveries,
La clarté d'vn tison dans vne obscurité
M'a fait à l'impourueu paroistre des Furies.

Prés de moy la Discorde, & l'Infidelité
  Monstroient leur violence en mille barbaries,
Et de sang espandu, par tout leur cruauté
Soüilloit l'argent de l'onde, & l'esmail des prairies.

Troublé de ces horreurs ie ne sçay que penser
  Si ce n'est que le Ciel me veuille menacer
De quelque changement en l'ame de Siluie.

Songe, Phantosme affreux, noir ennemy du iour,
  Parle moy si tu veux de la fin de ma vie:
Mais ne m'anonce point la fin de son amour.

## POVR LA BELE
esclairée.

### SONNET.

QVE vostre diligence à mes vœux est con-
 traire,
Vous qui sur ma Phillis veillez incessam-
 ment :
Considerez vn peu qu'il n'est pas necessaire
D'esclairer vn Soleil qui luit si viuement.

Prenez plus de repos pour mon contentement,
Ne vous en tenez pas si prés qu'à l'ordinaire ;
Et souffrez qu'en secret ie luy parle vn moment
Puisque c'est le seul bien qui me peut satisfaire.

De grace, laissez nous l'vsage de la voix ;
Ces charmantes beautez qui me donnent des loix
Ne sont pas des sujets qu'on doiue ainsi contraindre.

Dieux ! auec vostre soin qui me vient trauerser,
Et dont vous m'empeschez auiourd'huy de me plain-
Vous deuiez empescher ses yeux de me blesser. (dre,

# L'AMANT EN
## langueur.

### SONNET.

N ces tristes deserts, où s'areste la
    Cour,
   J'entretiens vostre Image au doux bruit des
    fontaines;
Et me plains de l'absence aux sablons d'alentour
Qui n'ont pas tant de grains que mon cœur a de peines.

Puis vous ayant offert à chaque heure du iour
   Des souspirs, des pensers, & des paroles vaines,
Ie coniure vn pinceau qui des tourmens d'Amour
Vous fera voir en moy des marques bien certaines.

Vous direz, Amaranthe, en voyant mon portrait,
   Que c'est celuy d'vn autre, & qu'il n'a pas vn trait
De ceux que sur mon teint vous avez veu parestre:

Mais ie suis si changé par nos communs ennuis,
   Qu'à bien parler aussi ce n'est pas me cognestre,
   Que de me recognestre en l'estat où ie suis.

## LE BAIN EM-
poisonné.

### SONNET.

QVE le bon-heur est grand à quoy tu me de-
stines?
Agreable present des Nimphes d'vn ruis-
seau,
Bain qui viens de seruir de lict & de berceau,
De seiour & d'habit à cent beautez diuines.

Mais, que ie sens icy de flames intestines,
O Merueille funeste! ô prodige nouueau!
Amour en vn brasier a conuerty ceste eau,
Et ces Roses pour moy se changent en espines.

O Cieux! que ce remede est pris mal à propos!
Ie rencontre vn supplice en cherchant du repos,
Tant le ioug est cruel où le Destin me lie.

Ie trouue dans ce bain mille pointes de fer,
Et ce qui fut naguere vn Ciel pour Roselie,
Dés que i'y suis entré n'est plus rien qu'vn Enfer.

# LA PITIE'
## cruelle.

### SONNET.

Vis qu'on ne peut rien voir d'esgal à ta beauté,
   Et que le Ciel t'a faite aussi fiere que belle ;
Prend ce poignard, Clorinde, & par ta cruauté
Donne de ta clemence vne preuue nouuelle.

Fais vn acte au iourd'huy d'vne Diuinité
   Sans faire de contrainte à ton humeur cruelle ;
Et monstrant ta douceur dans l'inhumanité,
Gueris d'vn coup mortel vne atteinte mortelle.

Ah Perfide ! tu crains de me prester ta main;
   Tu ne penserois pas faire vn acte inhumain
D'afranchir mon esprit d'vne peine si grande :

O Dieux ! l'ingrat Obiect pour qui ie meurs d'amour
   Me refuse vne mort quand ie la luy demande,
Pour m'en faire souffrir plus de mille en vn iour.

## LE BAISER.

### SONNET.

MES Escrits à iamais, Amour, te beniront,
Puisque par ta faueur i'amolis cette souche;
Pour le prix d'vn Laurier que ie mis sur son front,
Iris me fit baiser les roses de sa bouche.

Qu'elle plongea mon Ame en de felicitez!
Que ce ressouuenir est doux à ma pensée!
Et si ie dépeignis de belles veritez,
Que mon inuention fut bien recompensée!

O Diuine merueille, il faut bien que mes Vers
Portant vostre loüange au bout de l'Vniuers,
Vous façent adorer des plus rares personnes:

Vous les recognoissez trop liberalement;
Vous donnez des thresors, vous donnez des Couronnes,
Et si vous ne donnez qu'vn baiser seulement.

# LES MEDECINS
## temeraires.

### SONNET.

VOYANT dessouz un Ciel ma Clorinde en langueur,
Mille Amours desolez pleurent de son martire,
S'entredisans tout bas, que la mesme rigueur
Qui change ses beautez, destruira leur Empire.

Aprochez, Medecins, & veillez un peu dire
Si cette esmotion doit tirer en langueur:
Si vous estes sçauants vous le pourrez bien dire
Selon le batement & du poulx & du Cœur.

Mais quoy? vous abusez de vostre priuilege;
C'est trop vous arrester dessus ces monts de neige,
De qui le feu secret brusle tous les humains.

Il vous est bien permis d'approcher de sa couche,
Mais non pas de tenir plus d'un instant vos mains
En des lieux où des Rois voudroient mettre la bouche.

## LES AMOVRS

## LES TRAVAVX
### inutiles.

#### SONNET.

Je perds pour trop aimer l'vsage du sommeil,
Ie gouste peu de ioye auec beaucoup de peine :
Aux desseins que ie fais ie seme sur l'arene
Et mon espoir se fond comme neige au Soleil.

Tousiours de ma raison i'abhorre le Conseil
Pour suiure obstinément la voix d'vne Sereyne :
Et blessé dans le cœur d'vne atteinte inhumaine
De crainte d'en guerir, i'en oste l'appareil.

Ma crainte & mes desirs aux atteintes pressantes,
Sont de mesme que l'Hydre aux testes renaissantes
S'acharnans sur mon Ame auecque cruauté.

Mais vne amour si rare & si bien tesmoignée,
Touche si peu l'esprit d'vne ingrate Beauté,
Que mon trauail ressemble aux toiles d'Araignée.

# LE TALISMAN

### SONNET.

TIRANT cette Beauté, ce chef-d'œuure des Cieux,
   Bon art s'acquist sans doute vne immortelle gloire ;
Puisque rien ne pouuoit la representer mieux,
Fors les traits dont Amour l'a peinte en ma memoire.

Voila l'aimable tour de son beau sein d'yuoire,
   Voila son poil, son teint, sa bouche & ses beaux yeux,
Ces yeux dont les regards sans dessein m'ont fait boire
Vn poison preferable au doux nectar des Dieux.

O celeste faueur ! assisté de vos charmes,
   Ie puis bien m'exposer à la fureur des armes,
Sans que du mauuais sort i'aprehende les loix.

Beau portraict qu'Angelique à mes desirs octroye,
   Vous m'estes auiourd'huy ce que fut autre-fois
L'image de Minerue à la ville de Troye.

# L'AGONIE
## mortelle.
### SONNET.

ACHEVE moy de grace ô belle fugitiue,
Adouçis par vn meurtre vn pire traite-
ment,
Pourquoy veux tu si fort haster ton parte-
ment;
N'aprehende tu point que mon ombre te suiue?

Tu me quittes, barbare, & tu faits la craintiue
D'vn sujet que ta haine enuoye au monument;
Tu faits la pitoyable & tu veux que ie viue
Apres m'auoir cent fois blessé mortellement.

Dieux, inspirez quelqu'vn qui parle à la Iustice:
Le crime est euident, il faut qu'on la punisse;
Ainsi que mon trespas, le sien est resolu.

Mais la poursuitte est vaine, & l'ingrate, me braue,
Car elle sçait fort bien qu'vn Tyran absolu
N'est iamais recherché de la mort d'vn Esclaue.

# LES AGREABLES
## pensées.

### SONNET.

MON plus secret conseil & mon doux entretien,
  Pensers, chers confidens d'vne amour si fidelle,
Tenez moy compagnie & parlons d'Ysabelle
Puisqu'auiourd'huy sa veuë est mon souuerain bien.

Representez-la moy, dites moy s'il est rien
  D'aimable, de charmant & de rare comme Elle:
Et s'il peut iamais naistre vne fille assez belle
Pour auoir vn Empire aussi grand que le sien.

Vn cœur se peut-il rendre à de plus belles choses?
  Ses yeux sont de Saphirs & sa bouche de Roses.
De qui le vif esclat dure en toute saison.

O que ce reconfort flatte mes résveries!
  De voir comme les Cieux pour faire ma prison
Mirent des fleurs en œuure auec des pierreries.

## TREPIDATION d'Amour.

### SONNET.

**D**IVINS Obseruateurs de ma fidelité,
 Et de l'humeur de celle à qui ie rends ser-
  uice;
Celestes, ie crains bien que l'inegalité
Face à tant de vertus, reprocher quelque vice.

S'il est rien de funeste en ma natiuité,
 Que ie rende l'esprit par vn cruel suplice;
 Que la foudre m'accable, ou qu'vn peuple irrité
Me iette en sa fureur dans quelque precipice.

Que la Terre s'escroulle & s'ouure sur mes pas,
 Qu'vn grand embrasement auance mon trespas,
 Qu'vn fleuue débordé promptement m'engloutisse.

Mais ne permettez pas, ô iustes immortels!
 Que par vn changement, Clorinde me trahisse,
 Et perde le respect qu'on doit à vos Autels.

# INQVIETVDES.
## STANCES.

D'Où vient qu'vn penser indiscret
M'entretient tousiours en secret
D'vn sujet qui m'est si contraire:
Et conuaincu de trahison,
Ne sçauroit iamais se distraire
De me presenter du poison?

Quel doux & cruel mouuement
Veut rendre ainsi de mon tourment
Mes volontez mesmes complices?
Et flatant de nouueaux desirs
Souz l'apparance des delices,
Me déguise les desplaisirs?

Apres tant de regrets confus,
Et tant d'aiguillons apperceus
Souz le trompeur esclat des Roses,
Suis-ie bien assez mal-heureux,
Pour permettre aux plus belles choses
De me rendre encore amoureux?

Apres tant de viues douleurs,
Apres tant de sang & de pleurs
Que i'ay versé dessus ma flame;
Auray-ie l'indiscretion
De liurer encore mon Ame
Au pouuoir de ma passion?

O prudente & forte Raison!
Qui m'as tiré d'vne prison
Où ie respandois tant de larmes;
Ie n'ay recours qu'à ta bonté,
Veille encore prendre les armes
Pour deffendre ma liberté.

I'apperçois desia mon trespas
Couuert des innocens appas
Que Philis sçait mettre en vsage;
Philis, ce chef-d'œuure des Cieux,
Qui n'a de douceur qu'au visage,
Ny d'amour que dans ses beaux yeux.

O! Raison, celeste flambeau
Acheue vn ouurage si beau:
Mais quoy, tu perds ceste victoire,
Et mal-gré tes sages propos,
L'obiect qui regne en ma memoire
Vient encor troubler mon repos?

# RESOLVTIONS
d'aimer.

## STANCES.

PVIS qu'Amour dans ses yeux ne se peut éuiter,
  Ie ne sçaurois plus resister;
Car ie ne trouue pas de gloire à me deffendre,
  Ny de honte à me rendre.

Qu'elle ait de la pitié, qu'elle ait de la rigueur,
  Philis est Reine de mon cœur;
C'est inutilement que ma raison s'oppose
  Aux loix qu'elle m'impose.

Vouloir vaincre l'ardeur qu'elle sçait allumer,
  Et se diuertir de l'aimer,
Seroit vouloir en vain, d'vne erreur obstinee
  Vaincre sa destinee.

Seruons la donc mon Ame, & sans plus differer,
  Faisons nous autant admirer
Par la fidelité de nostre obeïssance,
  Qu'elle par sa puissance.

## LES AMOVRS

*Ie connois son humeur, & sçay que sa beauté*
   *Se plaist dans vne cruauté*
*Qui se mocque tousiours des souspirs & des larmes*
   *Que font naistre ses charmes.*

*Mais toute ceste glace augmente mon ardeur,*
   *Et pour conseruer leur odeur*
*Il est bien à propos que des Roses diuines*
   *Ne soient point sans espines.*

*Quand les difficultez irritent nos desirs,*
   *Nous en goustons mieux les plaisirs ;*
*Et la Palme que donne vne victoire aisee*
   *Est tousiours mesprisee.*

*Puis que pour de grands prix on fait de grands efforts,*
   *Il faut bien que pour des tresors*
*Qui pourroient satisfaire à la plus belle enuie,*
   *I'auanture ma vie.*

*Que s'il ne me succede auecque du bon-heur,*
   *Pour le moins i'auray cét honneur*
*D'attaquer vn rampart que d'vn effort vulgaire*
   *On n'esbranleroit guere.*

*I'auray ce reconfort, y trouuant mon cercueil,*
   *D'aborder le plus bel escueil*
*Contre qui les desseins du plus digne courage*
   *Puissent faire naufrage.*

# DV Sr TRISTAN.

*Il n'est rien de visible à la clarté du iour*
      *Qui ne soit sensible à l'Amour;*
*Les arbres les plus durs à trauers leur escorce*
      *En ressentent la force.*

*Il n'est point de sujet aimé parfaictement*
      *Qui n'en ait du ressentiment ;*
*Et ceste ardeur celeste auec des traicts si rares*
      *Charme les plus barbares.*

*C'est cela qui me flatte, & me fait esperer*
      *Que celle que i'ose adorer*
*Ne s'obstinera pas à deffendre son ame*
      *D'vne si douce flame.*

*Auant que de ma mort ses beaux yeux soient tesmoins,*
      *Ie luy veux rendre mille soins,*
*Qui mesme au sentiment des ingrates personnes,*
      *Soient du prix des Couronnes.*

# LE MES-
pris.
## STANCES.

NE te ris plus de mes douleurs
Perfide sujet de mes pleurs,
Ingrate cause de mes plaintes :
Tu ne fais plus mes desplaisirs,
Mes tristesses ny mes souspirs,
Tu ne me donnes plus d'atteintes,
Et pour toy ie n'ay plus de craintes,
D'esperances, ny de desirs.

Mon esprit abhorre ta loy,
Tu m'as trop engagé ta foy,
Et me l'as trop souuent faussee :
Ie seray sage à l'aduenir,
Ma peine commence à finir,
Toute mon ardeur est passee,
Et ie deffens à ma pensee
De m'en faire plus souuenir.

Ie pourrois auec raison
Punir ta lasche passion,
Et te noircir d'vn iuste blasme :
Mais ie commence à negliger
Le soin de te desobliger,
Car cét obiect est trop infame
Pour n'effacer pas de mon Ame
La volonté de me vanger.

Pensers, mon aimable entretien,
Ne me representez plus rien
Des charmes de ceste cruelle :
Ne me venez point abuser,
Ne me venez point excuser
Les deffauts de ceste Infidelle,
Et ne me parlez iamais d'elle
Si ce n'est pour la mespriser.

## L'AMANT secret.

### STANCES.

DOVCE & paisible nuict, Deïté secourable,
  Dont l'empire est si fauorable (iour:
A ceux qui sont lassez des longs trauaux du
Chacun dort maintenant sous tes humides voiles,
Mais mal-gré tes pauots, les espines d'Amour
M'obligent de veiller auecque tes Estoiles.

Tandis qu'vn bruict confus regne auec la lumiere,
  Ma passion est prisonniere;
Ie crains d'estre apperceu, i'ay peur d'estre escouté:
Il faut que ie me taise, & que ie dissimule,
Mais sous ton cours muet ie prens la liberté
D'entretenir tes feux de celuy qui me brusle.

Ie dirois qu'auiourd'huy leur fatale puissance
  Auroit trahy mon innocence,
Et forcé mon esprit d'aimer si hautement;
N'estoit qu'en si beau lieu mon ame est enchaînée,
Qu'on peut à voir mes fers iuger facilement
Que i'aime par raison plus que par destinée.

         *I'adore*

I'adore, ie l'aduouë, vne Beauté diuine
   *De qui la celeste origine*
*Condamne mes desirs de trop d'ambition :*
*Mais quoy ? de quelque erreur dont son esprit m'accuse,*
*Ses appas sont si doux, que iamais passion*
*Ne fut si temeraire & si digne d'excuse.*

*Sa bouche & ses beaux yeux ont des traicts indompta-*
   *Et des charmes ineuitables,*   (bles
*Il n'est rien de si doux, il n'est rien de si fort,*
*O Dieux ! qu'il m'est sensible en touchant sa loüange*
*De n'auoir en mes maux que le seul reconfort*
*De seruir vn Tyran qu'on prendroit pour vn Ange.*

*Mais que ce dur glaçon qu'elle porte dans l'Ame,*
   *Resiste tousiours à ma flame,*
*Et que plus ie la prie elle m'exauce moins :*
*Ie luy veux conseruer vne ardeur si fidelle*
*Ne deussay-ie obtenir iamais rien de mes soins*
*Que la seule faueur de mourir aupres d'elle.*

*Cependant mille voix dont ma fin m'est predite*
   *M'annoncent qu'il faut que ie quitte*
*Cét Obiect que ie sers auec si peu de fruit,*
*Destin, veille cesser de me faire la guerre,*
*Et monstre ta clemence à dissiper vn bruit*
*Qui m'est aussi mortel qu'vn esclat de Tonnerre.*
          H

## LES LOVANGES DV VERT.

### STANCES.

Ie veux esleuer iusqu'aux Cieux
Vn Obiect qui plaist aux beaux yeux
Que les miens trouuent adorables:
Et monstrer auecque raison
Qu'entre les couleurs agreables
Le vert est sans comparaison.

Lors que le Monde fut produit
La premiere fois que la Nuit
Quitta sa place à la lumiere;
Entre mille rares beautez
Le vert fut la couleur premiere
Dont les yeux furent enchantez.

Le vert est l'ame des desirs,
Et l'auant-coureur des plaisirs
Que le doux Printemps nous apporte
Lors que l'Vniuers est en dueil,
Lors que la Terre paroist morte
Le vert la tire du cercueil.

C'est le simbole de l'espoir,
Dont la puissance nous fait voir
Le beau temps au fort de l'orage :
Et par qui nous sommes flattez,
Quand nous portons nostre courage
A vaincre des difficultez.

Amour y trouue tant d'attraits
Qu'il en esmaille tous les traits
Dont il blesse les belles Ames :
Et croit que sans ceste couleur
La violence de ses flames
N'auroit ny plaisir ny douleur.

La belle Iris se faisant voir
Du costé qu'il vient à pleuuoir
Durant les Saisons les plus chaudes,
Doit son plus aimable ornement
Au vert esclat des Esmeraudes
Qui brillent en son vestement.

Le vert par ses rares vertus
Releue les cœurs abbatus,
Et resioüit les yeux malades ;
Oubliant mille appas diuers,
La plus charmante des Nayades
Se vante d'auoir les yeux vers.

La Rose la Reine des fleurs,
Sur qui l'Aurore espand des pleurs
De ialousie & de colere :
En naissant sur vn arbrisseau
N'auroit pas la grace de plaire
Si le vert n'estoit son berceau.

Au iugement des bons esprits,
Le vert emportera le prix
Sur les couleurs les plus nouuelles.
Ce qu'est la Rose entre les fleurs,
Ce qu'est Philis entre les Belles,
Le vert l'est entre les couleurs.

# SVR LA COLERE
## de Philis.

### STANCES.

**B**ELLE Philis obligez moy
De me faire sçavoir pourquoy
Mes soins vous mettent en colere,
Car ie ne puis me figurer
Ce que i'ay fait pour vous desplaire,
N'ayant fait que vous adorer.

Sans doute c'est ma passion
Qui cause ceste aversion
Que m'exprime vostre silence :
Voyez quel estrange succez,
On me hait avec violence
Pource que i'aime avec excez.

O Dieux ! quelle iniuste rigueur
Pour vous avoir donné mon cœur,
I'ay donc merité vostre haine :
Et i'ay failly pour vous offrir
Ce que la beauté d'vne Reine
Auroit eu peine à s'acquerir.

Apres vn fauorable accueil
Mes deuoirs trouuent trop d'orgueil
En des graces toutes diuines.
O belle cause de mes pleurs !
Que de serpens, & que d'espines
Estoient cachez dessous ces fleurs.

Dés lors que les Astres ialoux
Firent naistre vostre courroux,
La mort fut toute mon enuie ;
Car i'ay conceu depuis ce iour
Le mesme desdain pour ma vie
Que vous auez pour mon amour.

# LE DESES-
## poir.
### STANCES.

ELLE que i'ay placée entre les Immortels,
Et que ma paßion maintient sur les Autels,
La perfide a payé ma foy d'ingratitude:
Aux traits de sa rigueur ie sers tousiours de (blanc
Et son mespris n'ordonne à mon inquietude
Que des souspirs de flame, & des larmes de sang.

Encore que mes vers déguisans son orgueil
Par de si beaux efforts la sauuent du cercueil,
La faisant adorer de l'vn à l'autre Pole;
L'inhumaine qu'elle est, se rit de mon trespas.
Et me pouuant guerir d'vne seule parole,
Fait mesme vanité de ne la dire pas.

Puisque d'vn si beau ioug ie ne puis m'affranchir,
Et que tous mes deuoirs ne peuuent la flechir,
Par vn dernier effort contentons son enuie:
Cessons d'estre l'Obiect de tant de cruautez,
Et sortans de ses fers en sortant de la vie,
Tesmoignons vn courage égal à sa beauté.

Affreuſe Deïté, Démon paſle & deffait,
Qu'on n'inuoque iamais qu'en vn tragique effet,
Où l'vnique ſalut eſt de n'en point attendre.
Deſeſpoir ie t'inuoque au fort de mes malheurs,
Par ton ſecours fatal vien maintenant m'apprendre
Comment on doit guerir d'incurables douleurs.

Auance toy, de grace, ô fantoſme inhumain !
Fais vn traict de pitié d'vne barbare main,
Et produis mon repos en finiſſant ma vie ;
Ie ne redoute point ce funeſte appareil :
Car ne pouuant plus voir les beaux yeux de Syluie
Ie ne veux iamais voir la clarté du Soleil.

Ah ! ie te voy venir accompagné d'horreur,
La triſteſſe, l'ennuy, la rage, & la fureur
N'enuironnent ton corps que de fer & de flame,
Tu tiens de l'Aconit & portes au coſté
Le poignard qui finiſt les regrets de Pirame,
Et celuy dont Caton ſauua ſa liberté.

Sur vn ruiſſeau de ſang qui coule ſous tes pas,
L'image du deſpit, & celle du treſpas
Brauent le ſort iniuſte, & la rigueur indigne ;
Et me monſtrant les maux que ie dois eſprouuer,
La honte & la colere à l'enuy me font ſigne
Qu'il faut que ie me perde afin de me ſauuer.

*Mourons*

Mourons pour satisfaire à l'inhumanité
De ce cruel esprit qui tire à vanité
De trahir mon amour & ma perseuerance :
Monstrons à cette ingrate en forçant ma prison,
Qu'en des extremitez où manque l'Esperance
On ne manque iamais de fer ou de poison.

Ainsi disoit Tersandre en regardant les Cieux,
Mille tristes hiboux passoient deuant ses yeux,
Faisant autour de luy mille plaintes funebres :
Il tenoit vn poignard pour ouurir son cercueil,
Et la nuict desployant sa robe de tenebres,
N'attendoit que sa mort pour en prendre le deuil.

# CONTRE L'AB-
## fence.
### STANCES.

LA Terre dans ses tremblemens,
La Mer en ses débordemens,
Mais en sa plus grande licence;
Toutes les matieres de pleurs,
Et tous les plus cruels mal-heurs
Qui font souspirer l'innocence;
Au prix des maux que fait l'absence,
Ne sont rien que ieux & que fleurs.

Des douleurs qu'on souffre en aimant,
La peine de l'esloignement
Se peut seule nommer extréme;
On peut trouuer du reconfort
Aux autres iniures du Sort:
Mais se diuiser de soy-mesme,
Et viure loin de ce qu'on aime
Il vaudroit autant estre mort.

L'absence apporte vne langueur
Qui deschire par sa rigueur
Le tyssu des plus belles trames;
Elle applique nos sentimens
A des gesnes & des tourmens
Pires que le fer & les flames;
Elle blesse toutes les Ames
Et fait mourir tous les Amans.

A sa faueur, les enuieux
En leurs desseins malicieux
Ont la facilité de nuire :
Et l'amour reduit aux abois,
Qui sans mouuement & sans voix,
Incessamment pleure & souspire,
Impuissant parmy son Empire
Laisse enfraindre toutes ses loix.

D'vn penser lasche & paresseux
On voit le merite de ceux
Dont on ne voit plus les visages :
Et durant ces soins languissans,
Les Riuaux, de deuoirs pressans
Corrompans les meilleurs courages,
Font sur mille faux tesmoignages
Condamner les pauures absans.

I ij

Ainsi deux merueilles des Cieux
Ne m'ayant plus deuant leurs yeux,
M'ont effacé de leur memoire :
Et c'est ainsi que sans raison
O rigueur sans comparaison !
Par vne humeur volage ou noire,
Vn second Pilade fit gloire
De me faire vne trahison.

Peut-estre mesme que l'obiect
Qui sert de celeste sujet
A mes plus diuines loüanges :
Philis que ie viens d'adorer,
Auiourd'huy sans considerer
Que ie la mets au rang des Anges,
Me met au rang des plus estranges
Qu'elle se puisse figurer.

Possible qu'au desceu de tous,
Prés d'elle quelque esprit ialous
M'a rendu de mauuais offices :
Et que son esprit inconstant
Ne trouuant plus rien d'important
Dans mes plus excellens caprices,
A fait au feu des sacrifices
De ces vers qu'il estimoit tant.

*Mais, ô discours qui sans respect*
*Ne tends qu'à me rendre suspect*
*Ce que i'aime, & ce que i'honore*
*Par quelle noire inuention*
*Viens tu choquer ma passion*
*Dans vn estat que l'on déplore,*
*Pour me faire paslir encore*
*D'vne iniuste apprehension ?*

*Philis n'a iamais imité*
*Ces cœurs dont l'inegalité*
*Ressemble à celle de la Lune,*
*Et de qui les pensers errans*
*Apres l'interest souspirans,*
*D'vne lascheté si commune*
*Pour la differente fortune*
*Ont des visages differents.*

*Ce seroit fort mal raisonner*
*Que de la vouloir soupçonner*
*Des deffauts d'vn sexe infidelle :*
*Si l'on en croit mille bontez,*
*Et mille rares qualitez,*
*Qui sont d'vne marque immortelle,*
*Les sentimens de ceste Belle*
*Sont diuins comme ses Beautez.*

I iij

## COSOLATION
### A IDALIE,
Sur la mort d'vn parant.

### STANCES.

**P**VIS que vostre Parant ne s'est pû di-
spenser
De seruir de victime au Demon de la
guerre :
C'est ô belle Idalie, vne erreur de penser
Que les plus beaux Lauriers soient exempts du Ton- (nerre.

Si la Mort connoissoit le prix de la Valeur,
Ou se laissoit surprendre aux plus aimables charmes,
Sans doute que Daphnis garanty du mal-heur,
En conseruant sa vie eut espargné vos larmes.

Mais la Parque subiecte à la fatalité,
Ayant les yeux bandez, & l'oreille fermée,
Ne sçait pas discerner les traits de la Beauté,
Et n'entend point le bruit que fait la Renommée.

Alexandre n'est plus, luy dont Mars fut ialous,
Cesar est dans la tombe aussi bien qu'vn infame,
Et la noble Camille, aimable comme vous,
Est au fond du cercüeil ainsi qu'vne autre femme.

Bien que vous meritiez des deuoirs si constans,
Et que vous paroissiez si charmante & si sage,
On ne vous verra plus auant qu'il soit cent ans,
Si ce n'est dans mes Vers qui viuront dauantage.

Par vn ordre eternel qu'on void en l'Vniuers
Les plus dignes obiects sont fresles comme verre,
Et le Ciel embelly de tant d'Astres diuers,
Dérobe tous les iours des Astres à la Terre.

Si tost que nostre esprit raisonne tant soit peu
En l'Auril de nos ans, en l'âge le plus tendre,
Nous rencontrons l'Amour qui met nos cœurs en feu,
Puis nous trouuons la Mort qui met nos corps en cendre.

Le Temps qui sans repos, va d'vn pas si leger,
Emporte auecque luy toutes les belles choses:
C'est pour nous auertir de le bien ménager,
Et faire des bouquets en la saison des Roses.

# LE PROMENOIR
### des deux Amans.
## ODE.

VPRES de ceste grotte sombre
Où l'on respire vn air si doux,
L'Onde lutte auec les Cailloux,
Et la lumiere auecque l'ombre.

Ces flots lassez de l'exercice
Qu'ils ont fait dessus ce grauier,
Se reposent dans ce Viuier
Où mourut autre-fois Narcisse.

C'est vn des miroirs où le Faune
Vient voir si son teint cramoisy
Depuis que l'Amour l'a saisy
Ne seroit point deuenu iaune.

L'ombre de ceste fleur vermeille,
Et celle de ces ioncs pendans
Paroissent estre là dedans
Les songes de l'eau qui sommeille.

Les plus aimables influences
Qui raieuniſſent l'Vniuers,
Ont releué ces tapis vers
De fleurs de toutes les nuances.

Dans ce bois ny dans ces montagnes
Iamais Chaſſeur ne vint encor :
Si quelqu'vn y ſonne du Cor
C'eſt Diane auec ſes Compagnes.

Ce vieux Cheſne a des marques ſainctes,
Sans doute qui le couperoit
Le ſang chaud en découleroit,
Et l'arbre pouſſeroit des plaintes.

Ce Roßignol melancolique
Du ſouuenir de ſon mal-heur,
Taſche de charmer ſa douleur,
Mettant ſon hiſtoire en muſique.

Il reprend ſa note premiere
Pour chanter d'vn art ſans pareil
Sous ce rameau que le Soleil
A doré d'vn traict de lumiere.

Sur ce Freſne deux Tourterelles
S'entretiennent de leurs tourmens,
Et font les doux appointemens
De leurs amoureuſes querelles.

K

Vn iour Venus auec Anchise
Parmy ses forts s'alloit perdant,
Et deux Amours en l'attendant,
Disputoient pour vne cerise.

Dans toutes ces routes diuines
Les Nymphes dancent aux chansons,
Et donnent la grace aux buissons
De porter des fleurs sans espines.

Iamais les vents ny le tonnerre
N'ont troublé la paix de ces lieux,
Et la complaisance des Dieux
Y sourit tousiours à la Terre.

Croy mon conseil, chere Climene,
Pour laisser arriuer le soir
Ie te prie allons nous assoir
Sur le bord de ceste fontaine.

N'oy tu pas souspirer Zephire
De merueille & d'amour attaint,
Voyant des Roses sur son teint
Qui ne sont pas de son Empire?

Sa bouche d'odeur toute pleine
A soufflé sur nostre chemin,
Meslant vn esprit de Iasmin
A l'Ambre de ta douce haleine.

Panche la teste sur ceste Onde
Dont le Cristal paroist si noir,
Ie t'y veux faire apperceuoir
L'obiect le plus charmant du monde.

Tu ne dois pas estre estonnée
Si viuant sous tes douces loix,
I'appelle ces beaux yeux mes Rois,
Mes Astres & ma Destinée.

Bien que ta froideur soit extresme,
Si dessous l'habit d'vn garçon
Tu te voyois de la façon,
Tu mourrois d'amour pour toy mesme.

Voy mille Amours qui se vont prendre
Dans les filets de tes cheueux ;
Et d'autres qui cachent leurs feux
Dessous vne si belle cendre.

Ceste troupe ieune & folastre
Si tu pensois la despiter,
S'iroit soudain precipiter
Du haut de ces deux monts d'Albastre.

Ie tremble en voyant ton visage
Flotter auecque mes desirs,
Tant i'ay de peur que mes souspirs
Ne luy facent faire naufrage.

K ij

De crainte de ceste auanture,
Ne commets pas si librement
A cét infidele Element
Tous les Tresors de la Nature.

Veux-tu par vn doux priuilege
Me mettre au dessus des Humains?
Fay moy boire au creux de tes mains
Si l'eau n'en dissout point la neige.

Ah! ie n'en puis plus, ie me pasme,
Mon Ame est preste à s'enuoler,
Tu viens de me faire aualer
La moitié moins d'eau que de flame.

Ta bouche d'vn baiser humide
Pourroit amortir ce grand feu,
De crainte de pecher vn peu
N'acheue pas vn homicide.

I'aurois plus de bonne fortune,
Caressé d'vn ieune Soleil
Que celuy qui dans le sommeil
Receut des faueurs de la Lune.

Climene ce baiser m'enyure,
Cét autre me rend tout transy,
Si ie ne meurs de cestuy-cy
Ie ne suis pas digne de viure.

# PROMESSE A
### Phillis.

## STANCES.

CELESTE Obiect de mes desirs,
Prenez vous à mes desplaisirs
Si ie n'escris à vostre gloire;
Les violences du mal-heur
Ne m'ont point laissé de chaleur,
Et m'ont rendu l'humeur si noire
Que ie ne trouue en ma memoire
Que des Images de douleur.

Aussi tost que ie me resous
A prendre la plume pour vous
Dans la veine la plus puissante;
Mille tristes ressentimens
S'opposent à ses mouuemens,
Mon ardeur deuient languissante,
Et ie m'apperçois que i'enfante
Des souspirs pour des complimens.

Mais ne croyez pas que ce dueil
Me conduise dans le cercueil
Auant que ie vous en deffende:
Et que ma froide volonté
Reconnoisse vostre bonté
D'vne ingratitude si grande
Que ie vous dérobe vne offrande
Que ie dois à vostre beauté ?

L'ennuy qui me fait souspirer
Se puisse tousiours empirer
Par de plus sensibles outrages,
Et iamais la rigueur du Sort
Ne me laisse trouuer de port;
Si le plus beau de mes ouurages,
Ne vous laisse des tesmoignages
D'vn dessein qui me plaist si fort.

Et dés que mes sens appaisez,
Treuueront des vers plus aisez
Et des lumieres moins communes;
S'il vous plaist de les auoüer,
Ie promets de vous les voüer
Cessant les plaintes importunes
Que ie fais de mes infortunes,
Pour commencer à vous loüer.

Dans le plus tranquille loisir
Que ma veine puisse choisir,
Ie dois vous rendre cét hommage :
Mais ie veux si bien vous tirer
Que l'on soit forcé d'admirer
Les traits de vostre belle Image,
Et que la plus ialouse rage
N'ose iamais les censurer.

Lors que dans son plus large cours,
Le Soleil allume des iours
Qui n'ont rien de froid ny de sombre :
Que l'Aurore en versant des pleurs,
Seme des perles sur les fleurs,
Et qu'on a des plaisirs sans nombre
Quand on peut trouuer assez d'ombre
Pour se deffendre des chaleurs.

Lors souz vn arbre bien couuert,
Estendu sur le gazon vert
En vne résueuse posture ;
Flatté du doux bruit d'vn ruisseau,
D'vn esprit plus clair & plus beau,
Comme à l'enuy de la peinture
Qu'estale par tout la Nature,
I'entreprendray vostre tableau.

Et quand j'auray fait quelque traict
De cét adorable portraict,
Qui fait desja que je souspire;
Les Nymphes sans m'incommoder
Prés de moy viendront s'accouder,
Et la Nayade & le Zephire
Perdans le soin de leur Empire,
Se tairont pour vous regarder.

Vous pouuez par vostre Beauté
Passer pour la Diuinité,
Qui fut les delices d'Anchise:
Mais si je vous peins vne fois
Auec la Trompe & le Carquois,
D'vne ardeur innocente éprise,
A mesme temps vous serez prise
Pour la chaste Reine des Bois.

Amour rauy de mon dessein
Sentira dés lors en son sein
Les pointes d'vne ardeur nouuelle;
Et jugeant vos diuins appas
Francs des atteintes du trespas,
Il dira vous voyant si belle,
Que si vous n'estiez immortelle
Sa mere ne le seroit pas.

*Mon ouurage aura du deffaut:*
*Mais si pour vn sujet si haut*
*Ie n'ay point de clartez trop basses:*
*Au sentiment de nos Neueux,*
*Le plus petit de vos cheueux,*
*La moins charmante de vos graces,*
*La moindre marque de vos traces*
*Sera digne de mille vœux.*

# LE MIROIR
### enchanté.

## STANCES.

A MARILLE en se regardant
Pour se conseiller de sa grace;
Met auiourd'huy des feux dans cette glace,
Et d'vn cristal commun fait vn miroir ardant.

*Ainsi touché d'vn soin pareil,*
*Tous les matins l'Astre du Monde*
*Lors qu'il se leue, en se mirant dans l'onde,*
*Pense tout estonné voir vn autre Soleil.*

L

Ainsi l'ingrat chasseur dompté
Par les seuls traits de son image;
Panché sur l'eau, fit le premier hommage
De ses nouueaux desirs à sa propre beauté.

En ce lieu deux hostes des Cieux
Se content vn secret mystere.
Si reuestus des robes de Cithere,
Ce ne sont deux Amours qui se font les doux yeux.

Ces doigts ageançans ces cheueux,
Doux flots ou ma raison se noye,
Ne touchent pas vn seul filet de soye
Qui ne soit le sujet de plus de mille vœux.

O Dieux! que de charmans apas,
Que d'œillets, de lys & de roses,
Que de clartez, & que d'aimables choses
Amarille destruit en s'escartant d'vn pas.

Si par vn magique sçauoir
On les retenoit dans ce verre,
Le plus grand Roy qui soit dessus la Terre
Voudroit changer son Sceptre auecque ce Miroir.

# L'ABSENCE
## de Phillis.

ELEGIE pour vn Romant.

LOIN de Phillis, ou pluſtoſt de moy meſme,
Pardonnez moy, Grands Dieux, ſi ie blaſpheme;
Vn plus ſenſible & plus cruel tourment
Ne me pouuoit troubler le iugement.
Si les rigueurs que mon cœur vous reproche
M'auoient lié ſur le haut d'vne Roche,
En vn deſert ou le bec d'vn Vaultour
Vint en mon ſein ſe cacher nuict & iour :
Si voſtre haine à mon repos fatale
Me condamnoit aux peines de Tantale
Qui de l'eſpoir animant ſon deſir,
Bruſle touſiours à l'ombre du plaiſir :
Si le treſpas que i'apelle à mon aide,
Et dont l'atteinte eſt mon dernier remede,
M'auoit conduit au plus creux des Enfers;
I'en benirois les flames & les fers.
Ie me prendrois de mes maux à mes crimes;
Ie trouuerois vos Arreſts legitimes,

Vostre courroux me seroit moins suspect,
Ie me plaindrois auec plus de respect.
Mais de m'auoir esloigné de Madame,
Mais de m'auoir separé de mon Ame
Sans m'accorder la grace de mourir ;
C'est vn tourment que ie ne puis souffrir.
Cette rigueur est vn trop grand supplice,
Son seul excés vous conuainc d'iniustice.
Aussi, Grands Dieux, n'attendez point de moy,
D'Autels, d'Encens, de respect, ny de foy,
Et doucement excusez ma furie
Lors qu'il aduient que ie vous iniurie ;
Ma passion ne sçait rien de plus doux
Quand ma douleur me fait parler de vous ;
Ie ne sçaurois en ce point déplorable
Estre plus sage, estant si miserable.
S'il vous plaist donc qu'embrassant vos Autels,
Ie me reduise au deuoir des Mortels :
Si vous voulez que i'estouffe ma plainte,
Et que mon cœur reprenant vostre crainte,
Vous rende encore des soings si negligez ;
Rendez Phillis à mes yeux affligez :
Pour vostre gloire ainsi que pour ma ioye,
Qu'elle reuienne, & que ie la reuoye.
Pourquoy faut-il que cét Astre d'Amour
Ne fasse pas comme l'Astre du iour ?
Ce grand flambeau si necessaire au Monde,
Ne se tient pas tousiours caché dans l'onde ;

Il fait son cours par vn meilleur destin ;
S'il meurt le soir, il renaist le matin,
Et restituë en leur beauté premiere
Mille couleurs qu'anime sa lumiere.
Et cependant ce soleil des Beautez,
Cét Astre vnique en rares qualitez
Dont le merite est la source des flames
Qu'Amour choisist pour les plus belles Ames;
Tousiours Phillis est loing de ces beaux lieux ;
Elle est tousiours eclypsée à nos yeux :
Cette Beauté, mes plus cheres Delices,
Malgré l'effort de tant de sacrifices,
De tant de vœux & de pleurs superflus,
Est disparuë & ne retourne plus.

Iours ennuyeux, d'espais broüillards humides,
Qui ne semblez marcher qu'à pas timides ;
Vous deuriez bien couler plus promptement
Durant le cours de son esloignement.
Et vous, ô Nuict, d'Estoilles couronnée,
Reine des Feux qui font la Destinée :
Nuict qui placez vne pasle blancheur
Dans le silence & parmy la fraischeur,
Et vous monstrant si sereine & si claire,
Semblez pretendre à l'honneur de me plaire.
Pour m'obliger, esteignez ces flambeaux
De qui l'image errante dans ces Eaux,

Du vif esclat sa flame incertaine
Nuit au repos des Nymphes de la Seine.
Quittez, de grace, un si pompeux orgueil;
Vous estes mieux quand vous portez le dueil,
N'empruntez point de faueur de la Lune,
Soyez plus froide & deuenez si brune
Que nul obiect ne paroisse à mes yeux,
Soyez plus triste & vous me plairez mieux.
Quand la Beauté qui me tient en seruage
Se promenoit les soirs sur ce riuage,
Faisant iuger aux peuples d'alentour
Que ce beau fleuue estoit le lict du Iour;
Vous n'estiez pas si superbe & si belle,
Vous ne pouuiez paroistre deuant Elle
Qu'auec un trouble à cét effroy pareil
Qui vous surprend au leuer du Soleil.
Et maintenant qu'une rigueur barbare
De ce Clymat pour long temps la separe,
Vous osez prendre un si riche ornement
Pour triompher de son éloignement.
Ne croyez pas, conseruant cette audace,
Vous resioüir tousiours de ma disgrace;
Et qu'un Obiect qu'adorent les Amours
Loin de Paris passe ses plus beaux iours.
Le Ciel enfin touché de mon supplice,
Ne sçauroit faire une telle iniustice;
Il finira par de sages Decrets
Vostre insolence, ainsi que mes regrets;

A mes ennuis il se rendra sensible,
Et mon amour à qui tout est possible,
Fera des vœux pour l'en solliciter
Qu'en sa cholere il ne peut rebuter.

O Grands Esprits qui de toutes les choses
Sçauez si bien les effects & les causes,
Qui discernez les diuers mouuemens,
Par qui les Cieux meslent les Elemens,
Et connoissant la secrette enchaisneure
De tous les corps qui sont en la Nature,
Quand il vous plaist, pouuez à vostre gré
Choisir vn Astre en vn certain degré
Dont la figure emprainte en vne pierre,
Peut dissiper ou la peste, ou la guerre :
Soyez vn peu touchez de ma douleur,
Et par pitié dissipez mon mal-heur :
Veillez, de grace, auecque vos sciences
Donner vn terme à mes impatiences ;
Veillez, de grace, apprendre à mon amour
Quelque secret pour haster vn retour :
Et m'assistez d'vn si fort caractere
Qu'en fin ce cœur sauuage & solitaire,
Ce cœur de fer qui s'éloigne de moy,
Soit attiré par l'aimant de ma foy.
Mais quel espoir vient flatter ma pensée ?
Foible appareil d'vne Ame si blessée,

Dont la douceur ne profitant de rien,
Donne du mal en promettant du bien.
Las! mon Esprit ne sçait point de figure
Pour exprimer la peine que i'endure,
Et ie croiray qu'on en puisse dresser
Dont le seul traict me la puisse effacer?
Non non, pour moy, toutes ces sympathies
Ne sçauroient estre assez bien assorties;
Et ce bel Art auec sa vanité
Ne peut contraindre vne Diuinité.
Puis le Destin dont la ialouse Enuie
Se rend contraire au bon-heur de ma vie,
Est trop puissant pour ne pas m'empescher
L'effect d'vn bien si sensible & si cher.
M'esbloüissant de fausses apparances,
Il a tousiours trahy mes esperances;
Et n'a iamais satisfait mon desir
De la douceur d'vn solide plaisir.
Tousiours en moy la douleur, ou la crainte
Vient augmenter ma tristesse, ou ma plainte;
Mais de repos & de contentement,
Ie n'en ay point si ce n'est en dormant.

Fresle Demon, morne Prince des Songes,
Qui n'entretiens l'Ame que de mensonges;
Si c'est de toy de qui ie dois tenir
Tout le bon-heur qui me doit aduenir;

Si ton pouuoir d'vne erreur fauorable
Peut adoucir l'ennuy d'vn miserable;
Si la froideur & l'ombre du sommeil
Ont la vertu de produire vn Soleil:
De cent Pauots ie te fais sacrifice,
Suspen bien tost mes sens de leur office,
Et de glaçons en ta Cauerne pris,
Bouchant l'artere où passent mes esprits,
Pour contanter mon amoureuse enuie
Despoüilles moy des marques de la vie:
Et de la sorte agreable trompeur
Vien me former vn bien d'vne vapeur.

Recueille moy les plus aimables choses;
Mesle en vn teint des Lys auec des Roses,
Souz des flots d'or enflez par les Zephirs.
Mets vn esclat dans des yeux de Zaphirs
Dont la douceur à la rigueur s'assemble
Pour embrazer & glacer tout ensemble.
Choisis encor deux des plus beaux Rubis
Qui le matin brillent sur les habits
Que prend l'Aurore en sortant de sa couche,
Et les ioignant, dépeins moy cette bouche
Où la Nature a dedans & dehors
D'esprit de Roses embaumé des Tresors:
Et qui recelle vn Nectar à qui cede
Cette boisson que verse Ganimede.

De laict de neige ou d'Albastre viuant
Par interualle à la fois se mouuant
Faits esclater la blancheur de deux pommes.
A mettre en guerre & les Dieux & les Hommes.
Porte les yeux sur ces Diuinitez
De qui Pâris regla les vanitez;
Obserue bien cette troupe admirable
De taille auguste & de grace adorable,
Voy ses beautez, & d'vn soin complaisant
Dérobe-les pour m'en faire vn present.
Bref en vn mot faits la diuine Image
De la Princesse à qui i'ay fait hommage
De mes desirs & de ma volonté,
De mon esprit & de ma liberté.
Mais prend bien garde en m'offrant cette Belle
Que sa fierté soit tousiours auec Elle.
Sans cét orgueil qui loge en ses apas
Ma passion ne la connoistroit pas.
Si sa rigueur est vn peu moderée
Dans le plaisir de se voir adorée;
Que ce ne soit que pour m'offrir ses mains
Qui porteroient le Sceptre des Humains.
Si le Destin qui des Vertus s'irrite,
Auoit soubmis la fortune au merite.
Mais dans l'ardeur dont ie les baiseray,
Dans le transport où ie me treuueray,

## DV Sᵗ TRISTAN.

Dans le plaisir qui saisira mon Ame,
Acheue ensemble & mon songe & ma trame:
Diuin Sommeil, durant cette douceur,
Liure ma vie au pouuoir de ta Sœur:
Et sans regret apres ceste aduenture,
I'iray du lict dedans la sepulture.

## CHANSON.

ES vents qui se sont deschaisnez
Courans par tout à l'auanture,
Ne sont pas si fort mutinez,
Contre les loix de la Nature.
Durant la plus belle saison
Que mon penser l'est contre ma raison.

Depuis que i'ay reueu les yeux,
Et les doux apas de Syluie,
Mille desirs seditieux
Troublent le repos de ma vie,
Et s'oposans à ma raison,
Pressent mon cœur de rentrer en prison.

M ij

*Mon cœur, tu me le diſois bien*
   *Qu'il falloit éuiter ſa veuë,*
   *Et que dans ſon doux entretien*
   *Les Graces dont elle eſt pourueuë*
   *Me feroient boire d'vn poiſon*
   *Qui troubleroit mes ſens & ma raiſon.*

*I'en ay reconnu le ſuccés,*
   *Ce preſage eſtoit veritable :*
   *Mais voyant mon mal dans l'excés,*
   *Ma bleſſeure eſtant incurable:*
   *Ie veux deffendre à ma raiſon*
   *De me parler iamais de gueriſon.*

# LES VAINS EFFORTS.
## STANCES.

MON Ame, deffend toy du desir aueuglé
    Qui d'vn mouuement déreiglé
Souz des fers esclatans te veut rendre asseruie;
Et d'vn sage conseil reiette le poison
    Qui pourroit nous oster la vie
    Nous ayant osté la raison.

Considere qu'Amour auecque des apas
    Nous veut déguiser mon trespas
En t'offrant en victime aux plus beaux yeux du Monde;
Et qu'entrer au Dedale où tu vas t'égarant
    Est vouloir s'embarquer sur l'Onde
    Quand le naufrage est apparant.

Celle qui tient ma vie & ma mort en ses mains
    Rebute les vœux des Humains
Comme indignes deuoirs dont sa Grandeur s'irrite;
Et l'on ne peut sans crime aimer en si haut lieu
    Si ce n'est qu'auec le merite
    On ait la naissance d'vn Dieu.

*Bornons donc nos desirs, & croyons sagement*
*Tout ce que nostre iugement*
*Peut apporter d'vtile au soin qui nous possede:*
*Estouffons au berceau ces pensers amoureux,*
*Et par vn si cruel remede*
*Euitons vn mal dangereux.*

*Mais, ô lasche Conseil, de qui la trahison*
*Me veut tirer d'vne prison*
*Que mon ambition prefere à cent Couronnes;*
*En vain par la terreur tu m'en croy dégager;*
*Va t'en glacer d'autres personnes*
*Qui s'estonnent pour le danger.*

*De moy, nulle raison ne sçauroit m'empescher*
*De seruir vn obiect si cher:*
*Le peril qui s'y trouue augmente mon courage.*
*Et si dans ce dessein ie trouue mon Cercueil*
*Ma vie au moins en ce naufrage*
*Fera bris contre vn bel escueil.*

*Encore que mes soins m'attirent son mespris*
*Ma foy ne sera point sans prix.*
*Et i'auray de la gloire auec de la disgrace;*
*Car on dira tousiours en parlant de mon sort,*
*Daphnis eut vne belle audace,*
*Et mourut d'vne belle mort.*

# LA BELLE
## malade.
## STANCES.

E ne sçay par quelle rigueur
Les Destins jaloux de ma flame,
Mettent vostre Corps & mon Ame
Dans vne si triste langueur.

Cét Astre qui nous fait la guerre,
Va perdre toute la beauté
Et toute la fidelité
Qui parust iamais sur la Terre.

Ce traict m'a le premier atteint;
Mais du Ciel la ialouse enuie
Doit plustost effacer ma vie
Que les roses de vostre teint;

*Ie me meurs de cette auanture;*
*La tristesse m'enseuelit,*
*Et si vous ne sortez du lit,*
*I'entre dedans la sepulture.*

# LA BELLE CAPTIVE.
## STANCES.

*PAR vn sort dont les cruautez*
*Affligent toutes les Beautez*
*Qui meritent d'estre adorées;*
*Tousiours les femmes comme vous.*
*Ainsi que les Pommes dorées*
*Ont leurs Dragons & leurs jaloux.*

*Mais on a beau vous esclairer,*
*Ie pourray tousiours esperer*
*Assez d'heur dans ma seruitude;*
*Puisque vostre inclination*
*N'a point d'excés d'ingratitude*
*Pour l'excés de ma passion.*

*Bien*

Bien que nos corps soient attachez,
Et tous nos plaisirs empeschez
Par cette cruelle manie :
Amour Roy de nos libertez,
Ne veut pas que sa tyrannie
S'estende sur nos volontez.

Malgré ces inhumaines loix
Qui de la veuë & de la voix
Nous veulent empescher l'usage ;
Moquons nous de cette rigueur,
N'obeïssons que du visage
Et soyons rebelles de cœur.

Ne pouuons nous pas nous aimer
Sans esclat, & sans alarmer
Toutes ces Ames insensées ;
Et trouuer assez de loisir
Pour faire parler nos pensées,
Et nous voir des yeux du desir ?

… LES AMOVRS

# LE FAVORY
## mal content.
### STANCES.

Ie proteste deuant les Cieux
D'adorer à iamais vos yeux
Dans vne Constance inuincible:
Encore qu'en chaque action
Vostre humeur vrayment insensible
Se mocque de ma passion.

Ie le dis auec verité
Iamais rien que vostre beauté
N'a trouué place dans mon Ame:
Et pour se faire mon vainqueur
Amour auec vne autre flame
Ne pouuoit entrer dans mon cœur.

Ie sçay bien que i'ay mille fois
Apellé des obiets mes Rois

Dont ie n'eſtois point tributaire :
Et iuré que pour leurs appas
I'eſtois penſif & ſolitaire
Quand meſme ie n'y penſois pas.

Ι'ay ſouuent feint vne langueur
Pour accuſer vne rigueur
Qui m'eſtoit fort indifferente :
Et loüé mille appas charmans
Au viſage d'vne Amarante,
Contre mes propres ſentimens.

Mais depuis que vous m'engagez
Tous ces ſubjects ſont bien vangez
Des paſsions qu'ils m'ont veu feindre :
Et cette ardeur me punit bien,
Des maux dont on m'entendoit plaindre
Alors que ie ne ſentois rien.

Iris ie n'ay plus de repos,
Mon ſouuenir à tous propos
Me vient repreſenter vos charmes :
Et penſant à vos cruautez
Ie ne fais que verſer des larmes,
Sur l'image de vos beautez.

❧

*La Cour du Prince que ie sers*
*Me desplaist au prix des deserts;*
*Sa faueur mesme m'importune,*
*Car le plus digne traictement,*
*Que me peut faire la Fortune*
*Ne peut adoucir mon tourment.*

❧

*Dequoy me sert la vanité*
*Qu'vne iuste prosperité*
*M'esleue au dessus de l'Enuie :*
*Et qu'vn monde voulust perir*
*Afin de prolonger ma vie,*
*Quand Iris me laisse mourir ?*

# LES IVSTES
## reproches.
## ODE.

Lorinde ie le cognoy bien
Mes soins n'obtiendront iamais rien
D'vne ingratitude si noire.
Ma plainte aigrist vostre rigueur,
Et bien loing d'estre en vostre cœur,
Si ie suis en vostre memoire
C'est pource que vous faites gloire
De me voir mourir en langueur.

I'ay beau par mille inuentions
Vous descouurir mes passions
Et les rigueurs de vostre Empire:
I'ay beau vous monstrer mes desirs
Et vous conter mes déplaisirs;
Vous ne faites iamais que rire
De mon trouble & de mon martyre,
De mes pleurs & de mes souspirs.

Si i'approche de vostre lict
Quand vostre beau corps l'embellit
Et met les Graces à leur aise :
Dés que ie regarde vos bras,
Si blancs, si polis, & si gras,
Dont la Neige augmente ma braise,
De crainte que ie ne les baise,
Vous les retirez dans vos draps.

Mes pleurs ont fait assez d'effort
Ie ne sçay plus rien que ma mort.
Qui puisse adoucir vostre haine :
Puisque c'est inutilement
Que ie vous conte mon tourment,
Belle ingrate, belle inhumaine,
Il faut sortir de cette peine
Par la porte du monument.

# LES VAINS plaisirs.
## STANCES.

FILS de la nuict & du silence,
Qui d'vne aimable violence
Charmes les soucis des Humains,
Quand sur le crespe de tes aisles
Tu viens de tes humides mains
Clore doucement nos prunelles :
Sommeil, entre les Immortels
Tu merite bien des Autels.

L'homme lassé de l'exercice,
Periroit sans ton bon office ;
C'est toy Sommeil qui le remets.
Et tandis que le corps repose,
A l'Esprit qui ne dort iamais
Tu contes tousiours quelque chose ;
Et dépeins encore à ses yeux
La Mer, la Campagne & les Cieux.

Bien que le Soleil soit sous l'Onde,
Par ta grace il void tout le monde
Ainsi qu'à la clarté du iour.
Il court soudain toute la Terre
Et trouue mille objects d'Amour,
De chasse, de paix, ou de guerre,
Ressentant selon tes desirs
Des maux feints, ou de faux plaisirs.

Par ta faueur i'ay veu Clymene
Mais plus belle & moins inhumaine
Qu'elle n'auoit iamais esté
Rien ne marchoit dessus ses traces
Pour tenir l'œil sur sa beauté,
Qu'Amour, la Ieunesse, & les Graces
Et mille autres diuins appas,
Qui vont tousiours deuant ses pas.

Auec vn sousris qui se ioüe
Dans les fossettes de sa ioüe,
La Belle m'a tendu les mains :
M'a dit d'vne voix angelique,
Quite tous ces soins inhumains
Et cette humeur melancholique,
Tes iours de larmes sont passez
Et tous tes vœux sont exaucez.

*O ! mon*

O mon Astre, ô ma belle Reine
Daignez-vous conuertir ma peine
En vn contantement si doux?
Vous m'honorez assez de croire
Que i'aime à soupirer pour vous,
Et que ie tiens à plus de gloire
De mourir deuant vos beaux yeux,
Que de viure auecque les Dieux.

Mes deuoirs ne vous touchoient guere
Quand vous craignez que le vulguaire
Parlast contre vostre beauté:
Alors moins sage que vous n'este
Auiez vous bien la lascheté
De craindre ce Monstre à cent testes,
Qu'vn de vos regards seulement
Pourroit charmer en vn moment?

Ie considere à ces paroles,
Ses yeux, mes deux cheres idoles
Qui s'abbaissent honteusement:
Clymene me fait mille plaintes,
Et m'enseigne insensiblement
Qu'il est temps de bannir nos craintes
Et de rappeller nos desirs,
A la recolte des plaisirs.

O

Le sang au visage luy monte,
De roses l'amour & la honte
Couurent les beaux Lys de son teint;
Ie presse celle de sa bouche,
Et d'vne ardeur bruslante atteint
Ie la faits tomber sur sa couche,
Où par mille plaisirs charmez
Nous demeurons tous deux pasmez.


Mais comme mon bon-heur me noye,
Et que ie me fonds tout en ioye,
L'Aurore qui fond toute en pleurs,
Me surprenant sur ces rapines
Descouure beaucoup moins de fleurs
Qu'elle ne me couure d'espines;
Alors que le grand bruict du iour
M'esueille, & trahist mon amour.


Le Soleil en venant de naistre
S'est introduit par ma fenestre
Afin d'en chasser mon espoir,
Desia sa lumiere importune
Monte dessus mon lict pour voir
Si i'ay quelque bonne fortune,
Et rid de voir qu'auec les bras
Ie l'a cherche en vain dans mes draps.

# DV Sᵗ TRISTAN.

*Que le sort de l'homme est volage,*
*Il ne luy monstre bon visage*
*Que pour le tromper à l'instant:*
*S'il souffre ce n'est point mensonge,*
*Mais s'il aduient qu'il soit contant*
*Il trouue que ce n'est qu'vn songe*
*Dont la veine felicité*
*Disparoist deuant la clarté.*

# LA BELLE
## mal-heureuse.
## STANCES.

*CHARMANTE & celeste Beauté,*
*Que vostre estat est déplorable,*
*Par quelle estrange cruauté*
*Viuez vous ainsi miserable?*
*Las! ie me plains de vos douleurs,*
  *Et pleure de vos pleurs.*

*Vous déuriez rauir mille Amants,*
*Auoir à souhait toutes choses,*
*Briller d'Or & de Diamants,*
*Ne marcher que dessus des roses,*

## LES AMOVRS

Et gouster selon vos desirs
    Mille amoureux plaisirs.

Cependant un mary ialoux,
Qui de vostre bonté se ioüe,
Ne faict non plus d'estat de vous
Que de quelque masse de boüe;
Luy de qui l'esprit & le corps
    Ont de mauuais ressorts.

Sans qu'il ose vous outrager,
Qu'il vous veille & qu'il vous soupçonne
Il peut assez vous affliger
Par les deffauts de sa personne,
Auprés d'une ieune Beauté
    C'est un mort infecté.

Il n'a rien de vif que la voix
Qu'il n'applique qu'à vous déplaire:
Voyez un peu quel mauuais choix
On vous a conseillé de faire.
Vostre sort eust esté plus beau
    D'espouser le Tombeau.

Sans obseruer son entretien:
Vous pensiez estre assez heureuse
Prenant un homme auec du bien,
Et lors vous rendit amoureuse,

## DV St TRISTAN.

L'or plus faict pour nous esbloüir
Que pour nous resioüir.

Le bien n'est qu'vn sujet d'ennuy,
Pour les ames qui sont auares,
Les Dragons aussi bien que luy
Possedent des Thresors bien rares,
Comme luy viuans sans raison,
Et souflans du poison.

De moy ie ne le puis celer,
Soupirant soubs sa tyrannie,
Vous ne sçauriez vous consoler
De sa fascheuse compagnie,
Qu'en prenant vn Amant discret,
Qui soit sage & secret.

# L'ENCHANTEMENT
## rompu.

AGE & grand Medecin, qui changeant
toutes choses ;
Ternis si tost l'esclat des œillets & des roses,
Ie te voüe vn Autel.
Puis qu'en faisant passer la beauté d'vne femme
    Tu deliures mon Ame
Et me gueris d'vn coup que ie croyois mortel.

Apres auoir en vain respandu tant de larmes,
Adressé tant de vœux, pratiqué tant de charmes;
    'Pour sortir de prison :
Ie voy sans y penser ma santé reuenuë
    Et de la mesme veuë
Dont ie tenois mon mal ; ie tiens ma guerison.

I'ay repris ma franchise en reuoyant Clymene;
I'ay trouué que ses yeux me donnoient trop de peine

*Auec trop peu d'apas:*
*Et i'euſſe bien iuré, la treuuant ſi peu belle,*
*Que ce n'eſtoit pas elle*
*Que i'admirois ſi fort en ne la voyant pas.*

❦

*D'vne paſle couleur ſa iouë eſt toute peinte;*
*Les Graces n'y ſont plus, ou c'eſt auec la crainte*
*D'vn coulpable accuſé:*
*Et s'il aduient par fois que la couleur y monte,*
*Ce n'eſt que de la honte*
*De voir que mon eſprit ſe ſoit deſabuſé.*

❦

*Ce qui luy reſte encore eſt vn peu de ieuneſſe,*
*Qui paroiſt ſeulement par le peu de fineſſe*
*Qu'elle teſmoigne à tous.*
*Et bref de cét obiect que ie creus adorable*
*Le trait le plus aimable*
*Feroit vn mal-heureux ſans le rendre ialoux.*

❦

*Certes i'auois dans l'ame vne erreur nonpareille*
*Lors que ie me faiſois vne rare merueille*
*D'vn ſujet ſi commun:*
*I'y voyois mille attraits, mille aimables licences,*
*Mille douces puiſſances.*
*Ie voyois mille apas où ie n'en voy pas vn.*

*Mais les soins d'vn Mary que la melancholie*
*Portoit à des excez de rage & de folie,*
  *Seruoit à me piper:*
*Car si l'accez fascheux de cette ame indocile*
  *M'eust esté plus facile,*
*Ie n'eusse pas esté si facile à tromper.*


*Voyant qu'il la tenoit tousiours soubs la serrure,*
*Ie creus aimer en elle vn corps que la Nature*
  *Eust formé pour les Dieux.*
*Mais tel que ces sorciers il se fait recognestre*
  *Qui desceus par leur Maistre*
*Font de feuilles de chesne vn Thresor precieux.*


*Qu'il ne s'afflige plus quand on s'approche d'elle*
*Et que les nuicts qu'il passe à faire sentinelle,*
  *Il pense à reposer:*
*Car le mal qu'il se donne auec sa vigilance*
  *N'est point son asseurance;*
*Pour la conseruer mieux il deuroit l'exposer.*


*Il nourrit nos desirs auec sa sotte crainte:*
*C'est la faire eschaper que la tenir contrainte*

*Auec ses yeux aigus:*
*En la rendant si chere, & si fort asseruie*
*Il nous en donne enuie,*
*Et luy sert de Mercure en luy seruant d'Argus.*

*De moy dés que mon œil au iour l'a descouuerte,*
*Ie me suis tout à coup raquité de la perte*
*Où i'estois demeuré,*
*Et me representant l'obiect de mon martyre*
*Ie me pasme de rire*
*De me ressouuenir d'en auoir tant pleuré.*

*Ie tiens que tous les vers où ie me suis plaint d'elle*
*Sont les vains ressentimens d'vn rapport infidelle,*
*Ou d'vn songe inuenté:*
*Et par ce nouueau iour esclaircy de ma doute*
*I'abandonne la route*
*Où me faisoit errer vne fausse clarté.*

## LES AMOVRS

## LE CRVEL.
## STANCES.

POVR quel sujet prends tu plaisir
A me lancer ce trait de flame,
Qui vient suborner mon desir
Pour luy faire trahir mon Ame?
Tourne ailleurs ces regards puissans
Dont tu solicites mes sens
De r'entrer dessous ton Empire;
Apres m'auoir si mal traité,
Ne veux tu pas que ie respire
Le doux air de la liberté?

C'est mon agreable Element:
La moindre contrainte m'afflige,
Et ie ne m'aime seulement
Que pour ce que ie me neglige.
Sçay tu pas que mes sentimens,
Pour les soins & pour les tourmens,
Sont d'vn naturel vn peu tendre?
Et que c'est mesme sans effort
Que mon esprit ose pretendre
De sauuer mon nom de la mort?

Ne croy donc pas me rembarquer
Dessus le point d'vne Tempeste,
Et ne pense pas te moquer
De cette seconde conqueste:
Contante toy que souz tes loix
I'ay supporté plus de six mois
Vne tyrannie importune;
Et que i'ay moins forcé mon cœur
Pour acquerir de la fortune,
Que pour adoucir ta rigueur.

Si tu formes donc le dessein
De me prendre encore au passage;
Fay moy voir l'Amour dans ton sein
Comme il est dessus ton visage:
Permets que sans peine & sans bruit
Ie me charge en secret du fruit
Dont mon esperance est bornée:
Car i'ay pris assez de soucy
De semer toute l'autre année,
Pour recueillir en cette-cy.

## LA GUIRLANDE.
### STANCES.

ELLE de qui la grace & les yeux ont la
    gloire
D'asseruir tant de cœurs, & tant de liber-
    tez,
Se couronne de fleurs pour monstrer la victoire
Qu'elle emporte auiourd'huy sur toutes les Beautez.

Chacun de ces Iasmins exprime la conqueste
Qu'elle fait en tous lieux des plus grands des humains;
De sorte qu'elle met les fleurons sur sa teste,
Des Sceptres que l'Amour a mis entre ses mains.

Parmy ce beau Trophée on verroit ma franchise
Captiue sous le joug de ses Diuins apas:
Mais quoy; c'est vn honneur que l'Ingrate mesprise
A cause que mon cœur ne luy resista pas.

# LES FASCHEVX
## obstacles.
### STANCES.

LORINDE, i'ay beau soupirer,
Ie ne dois iamais esperer
De voir la fin de mon martire,
Puisque la rigueur des Ialoux
M'empesche mesme de vous dire
Les maux que i'endure pour vous.

Ie suis prés de vous chaque iour
Pour vous parler de mon amour,
Sans que ce bon-heur me console:
Car pressé du bruslant desir
D'en prononcer vne parole
Ie n'en puis treuuer le loisir.

Par quelle estrange cruauté
Veut-on garder vostre beauté,
Et vous tenir ainsi contrainte?
Dieux! vostre humeur qui n'aime rien
Et tant de fantosmes de crainte,
Vous gardent-ils pas assez bien?

LES AMOVRS

N'eussions nous nul tesmoin qu'Amour
Au plus solitaire seiour
Dont toute clarté fust bannie,
L'ombre de ce Monstre d'honneur
Auec assez de tyrannie
S'opposeroit à mon bon-heur.

# LA GOVVERNANTE

## importune.

### STANCES.

VIEVX Singe au visage froncé
De qui tous les Pages se rient,
Et dont le seul nom prononcé
Fait taire les enfans qui crient.
Vieux simulachre de la Mort,
Qui nous importunes si fort
Par le chagrin de ta vieillesse;
A parler sans déguisement,
Le temps auec trop de paresse
Te traine vers le monument.

Il n'est point de chesnes plus vieux,
Ny de Corneilles plus antiques;
Tu peux auoir vû de tes yeux
Tout ce qu'on lit dans nos Croniques:
Tes membres saisis d'vn frisson
Tremblent de la mesme façon
Que font les feuilles en Autonne:
Tu ne fais plus rien que cracher,
Et toute la terre s'estonne
De te voir encore marcher.

Mais on ne vit plus si long-temps:
Ton corps deuenu pourriture,
A payé depuis cinquante ans
Ce qu'il deuoit à la Nature;
Qui t'a fait sortir du Tombeau?
Caron t'auoit en son basteau
Mise au delà du fleuue sombre:
Et rompant ton dernier sommeil
Lors que tu n'es plus rien qu'vne ombre
Tu viens esclairer mon Soleil.

Rentre dans ton dernier repos,
Squelette couuert de poussiere,
Que par de magiques propos
On a fait sortir de la biere.
Ou si pour faire des Sabats
Tu dois demeurer icy bas,

Par vn ordre des Destinées:
Va te retirer dans les trous
De ces maisons abandonnées,
Où ne hantent que les hibous.


Pourquoy viens-tu dans cette Cour,
Pour y choquer la complaisance?
Tousiours les Graces & l'Amour
Y languissent en ta presence:
Le ris, les jeux, & les plaisirs
Que le sujet de mes desirs
Fait par tout éclore à sa veuë,
Fuyant tes importunitez
Prennent l'essor à ta venuë
Ainsi qu'oiseaux espouuentez.


C'est toy qui murmure tousiours
Quand ie parle auec Angelique,
Accusant d'innocens discours
De quelque mauuaise pratique.
C'est toy qui d'vn cœur obstiné
Fais la ronde autour de Daphné,
Rendant son accez difficile,
Et qui ne sçaurois endurer
Que Mirtil ait pour Amarille
La liberté de souspirer.

*Deuant*

Deuant toy l'on ne peut parler
Auec pretexte legitime :
Dire bon iour c'est cajoler,
Et tourner l'œil c'est faire vn crime.
Ton humeur pleine de soupçons
Fait de ridicules leçons
A des cœurs exempts de malice,
Et tes deffences bien souuent
Leur enseignent des artifices,
Qu'ils ignoroient auparauant.

La Vertu froide & sans couleur
En ternit sa grace immortelle,
Et souspire auecque douleur
Voyant qu'elle est souz ta tutelle :
Elle a descrié ton suport,
Ne pouuant souffrir sans effort
Les soins dont ton esprit s'acquite :
Car ton sens débile & leger
Se rend oppresseur du merite,
Qu'il s'ingere de proteger.

Auec d'importunes clartez
Tu veilles de trop belles choses,
Qui te void parmy ces Beautez
Void vn serpent parmy des roses,
Mais tu fais beaucoup plus de mal
Que ce dangereux animal,

Q

Si l'on en croit la Renommée;
Car tu piques en trahizon
D'vne sagette enuenimée
Qui n'a point de contrepoison.

Quand tu m'as blessé iusqu'au cœur
Par tes inhumaines censures,
Tu soustrais auecque rigueur
Les apareils de mes blessures:
Angelique cherche par fois
Dans le ton charmant de sa voix
Quelque douceur qui me console:
Mais tu l'apperçois promptement
Et viens retrancher sa parole
Dés le premier mot seulement.

Desormais aplique toy mieux,
Prenant garde a ce qui te touche;
Fay tarir la glus de tes yeux,
Et non pas le miel de sa bouche;
N'espan plus la mauuaise odeur
D'vne criminelle laideur,
Parmy des beautez innocentes:
Au lieu de tant de traits laschez,
Qui blessent des vertus naissantes
Repren toy de tes vieux pechez.

# LE BRACELET.
## STANCES.

AMOVR en soit beny, le sujet de mes vœux,
Cette ieune Beauté qui captiue mon Ame
De cent chaines de flame,
La veut lier encore auec ses cheueux.

Cette chere faueur que ie n'osois pretendre,
Rendra de mon destin les Dieux mesmes ialoux ;
Voyans qu'vn feu si doux
Se trouue accompagné d'vne si belle cendre.

Agreables chainons, beau fil d'Ambre flottant,
Vous ne faisiez qu'errer autour de son visage ;
Estiez vous si volage
Pour venir auiourd'huy me rendre si constant ?

O Cieux ! ma seruitude est tellement plaisante,
Que comparant les fers où ie suis arresté
A quelque Royauté,
I'estime vne Couronne importune & pesante.

## LE TRIOMPHE
### d'Iris.
### STANCES.

Les foudres qui grondoient auec tant d'insolence
Cessent leur violence;
Les flots paroissent adoucis,
Et le diuin pouuoir qui regist toutes choses
Semble se preparer à nous donner des roses
Apres tant de soucis.

Malgré tous les efforts qu'a pû faire l'Enuie
Pour affliger sa vie,
Iris triomphe du mal-heur.
Le sort pour son sujet n'a plus rien de funeste;
Et de tous nos ennuys, maintenant il ne reste
Que ma seule douleur.

Mais le digne sujet dont ma peine est causée
Me la rend trop aisée

Pour en vouloir la guerison:
Et le charme est si doux qui mon Ame possede,
Que dans cette langueur i'estime tout remede
  Pire que du poison.

Les plus superbes Rois qu'enuironne la Gloire,
Et que suit la Victoire
Par tout où marche leur courroux,
Fussent-ils esleuez dans l'humeur la plus vaine
Ne pourroient obseruer le sujet de ma peine
  Sans en estre ialoux.

Le deshonneur que fait le beau teint que i'adore
A celuy de l'Aurore,
Leur feroit receuoir sa loy.
Ils poseroient leur Sceptre aux pieds de cette Belle
Et quitteroient l'honneur de commander comme elle,
  Pour seruir comme moy.

L'or de ses blonds cheueux qu'esmeut vn doux Zephire
Vaut celuy d'vn Empire,
Leur esclat n'a point de pareil:
Ils semblent composez d'vne flame immortelle,
Et c'est auec raison que chacun les appelle
  Les Rayons d'vn Soleil.

C'est auec du peril que les Marchands auares
Aux riuages Barbares
Frequentent auec tant de soing:
Sans pratiquer les vents & les ondes traistresses,
Ie treuue depuis peu beaucoup plus de richesses
Et ne vay pas si loing.

Graces aux doux apas dont Iris est pourueuë,
Ie contante ma veuë,
De tous les biens les plus charmans:
Ie voy mille tresors en ses beautez diuines,
Sa bouche est de Rubis, ses dents de Perles fines,
Ses yeux de Diamans.

Le reste de ce corps dont ie suis idolatre
Est de viuant Albastre,
Animé d'vn esprit des Cieux;
Si bien que l'on y trouue vn concert de Merueilles,
Qui rauissent les cœurs & charment les oreilles
Aussi bien que les yeux.

Arbitres des Mortels, Puissances souueraines,
Renforcez bien mes chaines,

*Cette captiuité me plaist:*
*Ie ne demande point de fortune meilleure*
*Que de brusler tousiours, pourueu qu'Iris demeure*
    *Au mesme estat qu'elle est.*

# SOVPÇON.

## STANCES.

*RANTE, ie veux auoüer,*
*Que i'ay sujet de me loüer*
*Des bons mouuemens de vostre Ame,*
*Qui fit assez d'estat de moy,*
*Pour vouloir respondre à ma flame*
*Sans auoir recogneu ma foy.*

*Ie vous suis vrayment obligé*
*De ne m'auoir point engagé*
*Parmy des longueurs inhumaines;*
*Et de m'auoir voulu sauuer*
*Tant de deuoirs & tant de peines*
*Dont vous me pouuiez esprouuer.*

## LES AMOVRS

*Vostre amour, dont ie fus rauy,*
*Me paya sans auoir seruy*
*Par vne grace fort insigne;*
*Mon cœur bien au vif la ressent,*
*Et du moins si ie n'en suis digne*
*Ie n'en suis pas mescognoissant.*

*Mais ie me plains en vous aimant,*
*D'aperceuoir qu'vn autre Amant*
*S'attende à des faueurs pareilles;*
*Et que vostre facilité*
*Preste vos yeux, & vos oreilles*
*Contre vostre fidelité.*

*Vous sçauez que ce fut ainsi*
*Que ie vous appris le soucy*
*Dont mon Ame estoit trauersée;*
*Vostre sexe estant inconstant,*
*Vne peur m'entre en la pensée,*
*Qu'vn autre en vienne faire autant.*

*Apprehendant cela pour vous*
*Ie n'ay pas ce chagrin ialoux*
*De qui l'on blasme les caprices;*
*Car ie crains moins pour mon bon-heur*
*Bien que vous soyez mes delices,*
*Que ie ne crains pour vostre honneur.*

*Ie serois*

Ie serois pourtant bien fasché
Que vostre esprit se fust taché
D'vn si noir & si lasche crime ;
Et que perdant tout vostre prix,
Ayant esté dans mon estime,
Vous entrassiez dans mon mespris.

## POVR VNE BEAVTE'
qui sçait parfaitement peindre.
## PLAINTE.

IE ne sçay quel cruel destin
Qui mon ame au dueil accoustume
Entre le soir & le matin
M'a preparé tant d'amertume.

Que de soucis en vn seul iour !
Ie suis pris d'vne seule œillade;
En vn moment ie meurs d'amour,
Et Chariste est au lict malade.

Par quelles rigoureuses loix
Faut-t'il qu'vne diuerse flame
Se prenne ainsi tout à la fois
Dans son sang & dedans mon ame?

Ce beau Soleil dont les apas
Sont d'vne grace sans seconde,
Ne se releuera donc pas
Auec le bel Astre du Monde.

Ses beaux yeux sont donc en prison,
Leur paupiere estant abaissée :
Las ! il est iour en l'Orison,
Mais il est nuict en ma pensée.

Desia cette extréme rigueur
Destruit en ses beautez diuines
Les viues roses dont mon cœur
Conserue si bien les espines.

Dieux, vous estes bien inhumains
D'oser luy faire tant d'outrages ;
Pouuez vous mettre ainsi les mains
Sur le plus beau de vos ouurages ?

Mais pour vostre contentement
Estans jaloux comme vous estes,
Elle sçait trop parfaictement
Representer ce que vous faites.

D'vn art qui n'a point de pareil
Elle fait trop bien la peinture,
Du Ciel, du Iour, & du Soleil,
Des ruisseaux & de la verdure.

Puis elle nous fait voir encor
Comme vn d'entre vous eut l'adreſſe
De ſe changer en gouttes d'or
Pour couler prés de ſa Maiſtreſſe.

Peut eſtre elle peint tous les iours
Comme il plaiſt à ſa fantaiſie,
Ou Iupiter dans ſes amours,
Ou Iunon dans ſa ialouſie.

Poſſible dans quelque Tableau
Elle a mis le Dieu de la guerre
Comme vn des Grecs au bord de l'eau
Le renuerſa d'vn coup de pierre.

Vous ne pouuez ſans vous faſcher
Voir diuulguer vos aduantures;
Vous ne craignez point de pecher
Et ſi vous craignez nos cenſures.

Quand le deſtin vous vient forcer
A ſouffrir qu'vn objet vous bleſſe,
Vous ne voulez pas confeſſer
Que vous ayez quelque foibleſſe.

Mais quoy, redonnez la ſanté
A cette belle imitatrice,
Elle peindra voſtre bonté
Comme elle a fait voſtre malice.

R iij

Son pinceau fera voir apres
De quel soing vostre prouidence
Verse le Nectar à longs traits
Dessus la Corne d'abondance.

Que vous veillez sur les mortels
Pesant les vertus & les crimes ;
Et que les vœux & les Autels
Sont des deuoirs bien legitimes.

Elle vous peindra combatans
Dessous les aisles de la Gloire,
Alors que dessus les Titans
Vous emportastes la Victoire.

Ainsi vous deuant son bon-heur,
Elle peut d'vne adresse prompte
Couurir des traits à vostre honneur,
Ceux qu'elle a faits à vostre honte.

Mais parlay-je bien à propos,
Ne suis-je point en frenesie ?
Amour qui trouble mon repos
Trouble-t'il point ma fantaisie ?

Que sçay-je quel est le sujet
Qui cause mon inquietude ?
Peut-estre que ce bel objet
Fait vertu de l'ingratitude.

Possible quand elle sçauroit
Vn soing si tendre & si fidelle;
L'inhumaine se mocqueroit
Des pleurs que i'ay versez pour elle.

N'importe, fust-elle vn Rocher,
Son ascendant est inuincible;
Ie sens que son salut m'est cher,
Et que son tourment m'est sensible.

Pour n'obseruer pas sa langueur
Auec des maux intolerables,
Son merite est peint dans mon cœur
Auec des couleurs trop durables.

De quelque auis dont ma raison
Censure ma secrette enuie,
I'irois aualre du poison
Si cela luy sauuoit la vie.

## LE MESPRIS.
### STANCES.

Ne te ris plus de mes douleurs,
Perfide sujet de mes pleurs,
Ingrate cause de mes plaintes;
Tu ne fais plus mes desplaisirs,
Mes tristesses, ny mes souspirs;
Tu ne me donnes plus d'attaintes,
Et pour toy ie n'ay plus de craintes,
D'esperances, ny de desirs.

Mon esprit abhorre ta loy;
Tu m'as trop engagé ta foy,
Et me l'as trop souuent faussée:
Ie seray sage à l'auenir;
Ma peine commence à finir,
Toute mon ardeur est passée,
Et ie deffends à ma pensee,
De m'en faire plus souuenir.

Ie pourrois auec raison
Punir ta lasche trahizon,
Et te noircir d'vn iuste blasme:
Mais ie commence à negliger
Le soin de te desobliger;
Car cét obiect est trop infame
Pour n'effacer pas de mon ame
La volonté de me vanger.

Pensers, mon aimable entretien,
Ne me representez plus rien
Des charmes de cette cruelle:
Ne me venez point abuser,
Ne me venez point excuser
Les defauts de cette infidelle,
Et ne me parlez iamais d'elle
Si ce n'est pour la mespriser.

## LES DESDAINS
## D. M. D. M.
## ODE.

DIANE si vous estes belle
Autant que la sœur du Soleil ;
Vostre courage est tout pareil,
Ie vous treuue aussi fiere qu'elle.
Encore aima-t'elle autrefois,
Et bien qu'elle errast par les bois
De tant d'austerité pourueuë ;
Ce cœur aussi froid qu'vn glaçon
Fondit à la premiere veuë
Des beautez d'vn ieune garçon.

La nuict, abandonnant sa Sphere,
Elle va voir vn autre Amy,
Qu'elle tient tousiours endormy
Pour mieux celer ce doux mistere.
Quand le iour la fait desloger
D'entre les bras de ce Berger,

Dont son ame est si fort esprise ;
On la void se décolorer,
Moins de crainte d'estre surprise,
Que d'ennuy de se retirer.


Mais quelque esclat qu'ait le merite,
Quoy qu'il ait d'aimable & de doux ;
Il n'est point icy bas pour vous
D'Endimion, ny d'Hypolite.
Il n'est point pour vostre beauté
D'assez aimable nouueauté
Dans le Ciel ny dessus la Terre :
Les grands Cœurs & les beaux Esprits
Qu'enfantent la Paix & la Guerre,
Vous sont des Objets de mespris.


Amour, que vostre beau visage
A forcé luy mesme d'aimer,
Ne sçait plus pour vous enflammer
Quel charme il doit mettre en vsage.
Aussi croy-ie obseruant tousiours
L'air de vos desdaigneux discours
Et la froideur de tous vos gestes ;
Que s'il offroit dessus vos pas
Le plus beau de tous les Celestes,
Vous ne le regarderiez pas.

S

L'autre iour à la promenade
Vos yeux se destournoient des fleurs,
Refusant mesmes aux couleurs
La grace de la moindre œillade.
Le chant innocent des oyseaux,
Le confus murmure des eaux
Vous sembloit donner quelque attainte;
Le bruit des feuilles d'alentour
Glaceoit tout vostre sang de crainte
Que le vent vous parlast d'amour.


Telle estoit la Nimphe obstinée
A fuir tout ce qu'il aimoit,
Qu'Apollon iadis reclamoit
Sur les riuages de Penée.
Et telle estoit cette Beauté,
Ce Prodige de cruauté
Que Salamine auoit veu naistre:
Et qui peut sans ressentiment
Apperceuoir de sa fenestre
Le desespoir de son Amant.


Mais la mort d'Iphis fut vangée
De cette ame sans amitié ;
Le Ciel n'en eut point de pitié,
L'ingrate en pierre fut changée.

Craignez donc vn peu son couroux,
Pour mesme crime, il peut de vous
Faire quelque roche ou quelqu'arbre.
Mais vos destins sont arriuez,
Nature a desia fait de marbre
Tous les membres que vous auez.

# CHANSON.

Oux Printemps ne reuenez pas
Auec tant d'apas,
Vous opofer à ma melancholie:
Depuis qu'vne Beauté que i'aimois chere-
ment
Se treuue enfeuelie,
Tous mes plaifirs font dans le monument.

O beaux iours fi toft alongez,
Que vous m'affligez
Moy qui toufiours ay des penfers fi fombres;
Deflors que le fujet de ma felicité
Erre parmy les Ombres,
I'ay de l'horreur quand ie voy la clarté.

## LES AMOVRS

Claires eaux qui lauez des fleurs
    Ainsi que mes pleurs,
Vostre cristal a pour moy quelques charmes:
En mon affliction i'aime à voir vostre cours,
    Il ressemble à mes larmes
La Mort a fait qu'elles coulent tousiours.

---

# L'INCREDVLITE'
## punie.
## STANCES.

L'Obiect est bien puny qui ne me croyoit pas
Lors que ie luy iurois en loüant ses apas,
Que sa ieune beauté par vne seule œillade,
    M'auoit rendu malade.

Pour voir si i'en parlois auecque verité,
L'imprudente obstinée en sa temerité,
Courant vers vn Miroir auec impatience,
    En fit l'experience.

Les feux refléchissants du cristal dans ses yeux,
Embraserent soudain ce cœur audacieux,
Qui pour me secourir quand ie demandois grace,
    N'auoit que de la glace.

La chaleur estrangere a son sang alteré;
Et le haut mouuement du poux immoderé
Monstre que ce beau corps recelle autant de flame,
    Que i'en ay dans mon ame.

De la pointe d'un traict Amour ouure son bras,
Et faisant rejallir des rubis sur ses dras,
Tire afin que le mal de la Belle s'alege,
    Du feu de cette neige.

Petit Barbier, de grace, espargne ce beau sang;
Crains-tu pour Amarante? elle n'est point du rang
De ces fresles Beautez de qui les Destinées
    Ont borné les années.

La Mort n'a point d'empire où regne sa beauté,
Tandis que le Soleil aura de la clarté,
Ses yeux qui m'ont rauy ma liberté premiere
    Auront de la lumiere.

S iij

## LE NATVREL
### d'Amour.

LES perles ayment cherement
L'humeur dont l'Aube les arrose;
Les serpens ont pour aliment
La fraischeur dans la terre enclose;
L'air est aymé par les oyseaux,
Les poissons cherissent les eaux,
Et la Salamandre les flames,
Les Abeilles ayment les fleurs:
Mais l'Amour ce Tyran des ames,
Le cruel n'ayme que les pleurs.

## LE PRONOSTIC
### veritable.

O Belle Nymphe Abissine
Iamais Art, Pierre, ou Racine,
Astre, hazard, ny raison,
Conseil, loüange, ny blasme
Ne pourront guerir vostre Ame
Du mal de vostre Maison

## LES LOVANGES.

TOUT ce que l'Art, & la Nature
Ont produit de plus rare au iour
Venus, les Graces, & l'Amour
Dans la plus diuine peinture.
Tout ce qui peut plaire à nos yeux,
L'aurore, le Soleil, les Cieux,
L'or, les Perles, les Lys, les Roses,
L'Esmail du Printemps le plus doux;
Bref toutes les plus belles choses
Ne sont point si belles que vous.

## L'IMPVISSANCE DES Destinées.

LE Destin peut bien faire encore
D'autres Cieux & d'autres clartez,
Et former des Diuinitez
Aussi charmantes que l'Aurore.

# LES AMOVRS

*Il peut d'un effort sans pareil,*
*Faire encore un plus beau Soleil*
*Que celuy que nous voyons luire :*
*Mais la Nature, ny les Cieux,*
*Ne sçauroient iamais rien produire*
*Qui soit aussi beau que vos yeux.*

## POVR METTRE DEVANT

### vn Liure d'Endimion

TREVVANT icy l'Histoire d'un Berger
*Qu'amour expose en un si grand danger,*
*Pendant l'erreur où le sommeil le plonge :*
*O bel Objet plein de seuerité!*
*Souuenez vous que sa peine est un songe,*
*Et que la mienne est une verité.*

## POUR METTRE DEVANT

### vn liure d'Emblesmes d'Amour.

POUR Dieu ne lisez point icy;
Clorinde l'vnique soucy
Des plus nobles cœurs de la terre:
On ne void aux feillets suiuans
Que des preceptes d'vne guerre
Où vos yeux sont assez sçauants.

## LA FAVEVR DE MAVuais presage.

Que l'esprit de Siluie
Est cruel, & deceuant!
Ie voy bien qu'en la seruant
Il faudra perdre la vie.
Pour monstrer que souz ses loix
La mort m'est toute certaine,
Elle me donne vne chaine
Qui finist par vne croix.

T

## REFLECTIONS
### Amoureuses.

QV'ELLE est superbe & qu'elle est belle,
Et que i'ay de pensers pour elle
Dont mon repos est trauersé:
Obseruer cét Ange visible
Sans l'aymer, c'est estre insensible,
Et l'aymer c'est estre insensé.

## A DIANE.

AINSI qu'auprés d'vne source
Qui faict vne aymable course
Vous sommeilliez l'autre jour,
Vne Nymphe chasseresse
Vint pour vous faire la cour,
Vous prenant pour sa Maistresse.

## AVIS, à M. de C.

LA Charmante mere d'Amour,
Se pleignoit de vous l'autre jour,
Contre vos beautez irritée :
Et le suiet de son couroux
C'est que ces Graces l'ont quittée,
Pour demeurer auecque vous.

## SVR VNE STATVE DE Didon, faite par Cochet.
### A Didon.

OBIECT digne d'idolatrie,
Si ton ingrat Troyen te fit vn mauuais tour,
Ie ne m'estonne pas de cette tromperie,
Celuy qui trahit sa Patrie,
Pouuoit bien trahir son amour.

Ie m'estonne bien plus dont vn cyzeau sçauant
S'éternise en nous deceuant,
Lors qu'il te remet sur la terre,
Et qu'il nous fait passer pour vn sujet viuant
Vn corps qui n'est fait que de pierre.

## LA RETRAITE
### auantageuse.

JE ne suis plus dans la folie,
De perdre des soins & du temps;
Ie vous dis adieu pour cent ans,
Belle & trompeuse Cephalie:
Ie proteste auec verité
Qu'en adorant vostre beauté
Les espines m'estoient des roses;
Mais quoy, ie suis de ces esprits,
Qui souffrent tout hormis deux choses,
L'ingratitude, & le mespris.

## A SYLVIE, SVR
### les plaintes d'Achante.

POVR nous exprimer à la fois
Toutes les rigueurs de ses loix,
Et tout l'honneur de son Empire;
Amour en ces vers à dépeint

Ce triste Berger qui soupire,
Nommant vos yeux, & vostre teint,
Les Ministres de son martire.

## LE SOVPIR AMBIGV,

### Madrigal.

SOVPIR, subtil esprit de flame
Qui sors du beau sein de Madame,
Que fait son cœur aprens-le moy?
Me conserue-t'il bien la foy?
Ne serois tu point l'interprete
D'vne autre passion secrete?
O Cieux! qui d'vn si rare effort
Mistes tant de vertus en elle,
Destournez vn si mauuais sort:
Qu'elle ne soit point infidelle,
Et faites plustost que la Belle,
Vienne à soupirer de ma mort,
Que non pas d'vne amour nouuelle.

## SERMENTS
### d'amour.

L'HYVER sera sans froidure,
Et le Printemps sans verdure,
L'Ocean sera sans flus,
Et l'air deuiendra palpable
Quand mon cœur sera capable
De ne vous adorer plus.

## A SON ESCHOLIERE.

Sujet vrayment plus qu'humain,
Amour qui ne nous quite gueres
Me fait conduire vostre main
Pour former de beaux caracteres:
Mais voyant vos yeux m'enflamer
Le traistre tout bas me vient dire
Que ie profite à vous instruire,
Et que i apprens à bien aymer
En vous monstrant à bien escrire.

## VNE BELLE PERSONNE
### faisoit creuer des feuilles sur sa bouche.

VOSTRE bouche dans ce caprice
Cause le plus rare suplice,
Que l'on ait iamais apperceu ;
N'est-ce pas vne estrange chose
Qu'vne fueille ait ainsi receu
Le martire sur vne rose ?

## POVR VN NARCISSE
### qu'vne belle fille portoit sur son sein.

TON sort est bien digne d'enuie,
Ieune Garçon qui par tes pleurs,
Abregeant le cours de ta vie,
Augmentas le nombre des fleurs.

Tes beautez apres ta disgrace
Te font encore trouuer place
Sur vn sein si blanc & si beau.
O rare & diuin priuilege,
De treuuer sa perte dans l'eau
Et son salut dans de la neige.

## LES YEVX
### criminels.

TRAISTRES yeux, maudite veuë,
Que ne suis-ie aueugle né,
Ie ne serois pas gesné
Du noir chagrin qui me tuë.
Ie souspire incessamment
Dans le plus cruel tourment
Dont vne Ame soit capable ;
Et l'iniustice des Cieux
Ne m'a rendu miserable
Que pource que i'ay des yeux.

L'EGALITE'

## L'EGALITE DE charmes.

DEUX Merueilles de l'Vniuers
Tiennent en leurs mains ma fortune,
Et leurs appas sont bien diuers:
Car l'vne est blonde, & l'autre brune.
Cependant leurs ieunes beautez
Regnent dessus mes volontez
Auec vne esgalle puissance,
Et dans leur glorieux destin
Ie ne voy que la difference
D'vn beau soir & d'vn beau matin.

## EPITAPHE D'VN petit chien.

CY gist vn chien qui par Nature
Sçauoit discerner sagement,
Durant la Nuict la plus obscure
Le Voleur d'auecque l'Amant.
Sa discrette fidelité
Fit qu'auec beaucoup de tendresse
A sa mort il fut regretté
Par son Maistre, & par sa Maistresse.

V

## SUR LE DESPART
### de Philis.

QVE d'ennuis en ma destinée,
Celle pour qui ie meurs d'amour
S'apreste à partir dans vn iour
Pour ne reuenir d'vne année.
O Cieux ! i'ay beau me tourmenter,
Ie ne la sçaurois arrester,
Ny treuuer moyen de la suiure;
De sorte qu'à bien discourir
Ie n'ay plus qu'vn moment à viure
Et plus de mille ans à mourir.

## LES SOINS MAL
### considerez.

IE souffre tant de maux, que l'ingrate Climene
Ne peut s'imaginer la moitié de ma peine;
Elle reste incredule, & moy ie meurs martir.
Amour, puisqu'il est vray que ie sers à ta gloire,
Fay luy croire les maux que tu me fay sentir,
Ou ne m'en fay sentir qu'autant qu'elle en peut croire.

# SVIET
### des Plaintes
# 'ACANTE.

OVS ce voile pastoral des PLAINTES D'ACANTE, on a voulu desguiser les Amours d'vn Caualier de merite & de condi‑
ion, qui sorty d'vn pere illustre pour la
aleur, s'est tousiours nourry dans l'am‑
ition de l'imiter. Ie te diray que sa Mai‑
resse est vne des plus parfaites person‑
es du monde, & que l'on y treuue tout
nsemble, vne grande naissance, des ver‑
us rares & des beautez merueilleuses : de
orte qu'il semble qu'à l'enuy, la Nature
x le Ciel se soient efforcez à qui luy fe‑

roit le plus de graces : sa presence est vn charme ineuitable aux belles ames, & les moindres de ses actions sont extrémement rauissantes. Or tu sçais que la rigueur est assez ordinaire aux Belles, & qu'entre les plus precieux ornemens de ce Sexe, on donne le premier rang à cette honneste seuerité qui met superbemét des espines à l'entour des roses. Nostre Bergere est trop accomplie pour en manquer, & c'est le sujet de toutes ces plaintes. Acante qui la void indifferente à tous ses seruices, explique ses froideurs à quelque espece de mespris, apprehende que ses deuoirs ne luy soient pas agreables, & qu'il ne puisse voir reüssir les vœux qu'il fait pour cét himenée. Il se forme de ces pensées, mille matieres de douleur, & se laissant emporter aux mouuements de son amoureux Genie, tasche par toutes sortes d'artifices, de representer sa passion, & de porter insensiblement sa Siluie à faire plus d'estat de ses soins. Au reste ie t'auertis que cét

Ouurage n'eſt point fait à l'vſage de tout le monde, & que s'il y a icy de mauuais vers, ils ne ſont pas toute-fois de la Iuriſdiction des eſprits vulgaires, encore qu'il m'importe peu s'ils ſont condamnez mal à propos, par des Iuges qui ne ſeroient pas capables de les fauoriſer de bonne grace. Ie m'aſſeure que les honneſtes gens y treuueront au moins des choſes aſſez agreables pour auoüer que tous les Exilez qui ont eſcrit d'amour, depuis l'ingenieux Ouide, n'ont pas mieux employé de triſtes loiſirs.

# PLAINTES D'ACANTE.

## STANCES.

Vn iour que le Printemps rioit entre les fleurs,
   Acante qui n'a rien que des soucis dans l'ame,
Pour flechir ses destins faisoit parler ses pleurs,
   Humides tesmoins de sa flame ;
Et se representant les rigueurs d'vne Dame,
   Sembloit vn morceau du rocher
Sur lequel ses pensers le venoient d'atacher.

❦

Quand par l'eau de ses pleurs son cœur fut alegé
De l'humeur qui tenoit ses puissances contraintes,
D'vne parole basse, & d'vn teint tout changé,
   Il ouurit la bouche à ces plaintes,
Par qui ses passions sont assez bien dépeintes,
   Car ignorant qu'on l'escoutoit,
Il disoit à peu prés tout ce qu'il ressentoit.

Soleil, depuis le temps que portant la clarté
Tu dispenses par tout la chaleur & la vie,
Visitant l'Vniuers, voy tu quelque Beauté
    De qui l'eselat te face enuie
Comme font auiourd'huy les beaux yeux de Siluie?
    Et dessous l'amoureuse loy
Cognoy tu quelque Amant plus mal traité que moy?

Depuis que ie la sers, les Cieux m'en sont tesmoins,
Les soupirs & les pleurs sont mes seuls exercices;
Mais l'ingrate qu'elle est, rebute tous mes soins
    Et se rit de tous mes supplices,
Et le ressentiment de tant de longs seruices
    Ne sçauroit porter son orgueil
A tourner seulement les yeux vers mon Cercueil.

Cruelle, à qui mes maux ne font point de pitié,
Et que par mes deuoirs ie rens plus inhumaine;
Obiet, dont mon amour acroist l'inimitié
    Et qui vous moquez de ma peine,
M'ayant reduit au point d'vne mort si prochaine;
    Au moins, si vous ne me pleignez,
Considerez vn peu ce que vous desdaignez.

# DV S<sup>t</sup> TRISTAN.

Ie ne suis point sorty d'vn vulgaire Pasteur
Que l'on ait veu couuert de honte & de disgrace,
Et ie me puis vanter sans parestre menteur
    Que ie suis de fort bonne race;
Mon Pere si fameux au mestier de la chasse
    A souuent en ses premiers iours
Estouffé de ses mains des Lions, & des Ours.

Lors qu'vn nuage espais de Monstres furieux
Vint dessus nos troupeaux faire tant de rauages,
On luy veid employer son bras victorieux
    A dissiper ces grands orages.
Combatant pour sauuer auec nos pasturages,
    La liberté de nos Autels;
Il acquit en mourant, des honneurs immortels.

Auec assez d'ardeur ie marche sur ses pas,
Où la Gloire m'apelle en m'offrant son image;
N'y l'objet du peril, ny celuy du trespas,
    Ne font point paslir mon visage.
Et la valeur en moy croissant auecque l'âge,
    Ie n'ay iamais rien redouté
Si ce n'est seulement vostre inhumanité.

Nagueres dans vn Antre en ces lieux retirez,
Où souuent en secret i'entretiens ma tristesse,
Cherchant de mes moutons qui s'estoient egarez,
  Ie pris les Fans d'vne Tigresse :
La Mere les sentant, m'ataignit de vitesse;
  Mais non de ses ongles malins,
Car d'abord, ses petits en furent orphelins.


Il ne m'en reste qu'vn, que ie veux vous offrir,
Quand ie l'auray nourry tant soit peu dauantage.
A peine il peut marcher, & ne sçauroit souffrir
  Que rien l'importune, ou l'outrage ;
Ses yeux clairs & perçans tesmoignent son courage :
  Mais mon soin l'a rendu plus doux,
Et ne l'a point treuué si sauuage que vous.


L'autre iour vn Centaure espouuentable à voir
Pressant vne Beauté d'vne rare excellence,
Au plus secret d'vn Bois, se mettoit en deuoir
  De luy faire vne violence :
La Vierge me veid seul punir son insolence,
  L'infame esprouua mon couroux,
Et peut-estre se sent encore de mes coups.

La Nimphe contre vn arbre atachée en ces lieux,
Parut toute honteuse apres cette victoire;
Se voyant exposée à nud deuant mes yeux,
    Son corps possible estoit d'yuoire :
Mais soit qu'elle fust blanche, ou bien qu'elle fust noire,
    La belle se peut asseurer,
Que ie la destachay sans la considerer.

Depuis que de vos yeux l'ardeur me vint saisir,
Mon ame qui tousiours languist dans la souffrance,
Pour les autres Sujets n'a point plus de desir
    Que vous me laissez d'esperance :
Et ie voy des Beautez auec indifference,
    Que de leur celeste sejour
Le Dieux ne sçauroient voir qu'auecque de l'amour.

Au reste auec l'honneur d'estre nay genereux
Et de sçauoir lancer & le dard & la pierre,
Ie m'imaginerois estre bien mal-heureux
    Si ie n'estois bon qu'à la guerre,
Pour respandre tousiours du sang dessus la terre,
    Et que mes ieunes sentimens
N'eussent iamais faict place à d'autres ornemens.

X iij

### LES AMOVRS

Ie n'ay pas simplement cette noble fierté
Qui protege par tout vne foible innocence:
Mon esprit que vos yeux priuent de liberté,
  N'est point priué de cognoissance:
Ie sçay le cours des Cieux, & cognoy la puissance
  De cent racines de valeur
Qui peuuent tout guerir excepté ma douleur.

---

Ie vous pourrois monstrer si vous veniez vn iour
En vn parc qu'icy prés depuis peu i'ay fait clore,
Mille Amans transformez, qui des loix de l'Amour,
  Sont passez souz celles de Flore:
Ils ont pour aliment les larmes de l'Aurore.
  Dieux ! que ne suis-je entre ces fleurs,
Si vous deuez vn iour m'aroser de vos pleurs !

---

Vous y verriez Clytie, aux sentimens ialoux,
Qui n'a pû iusqu'icy guerir de sa iaunisse;
Et la fleur de ce Grec dont le boüillant couroux
  Ne peut souffrir vne iniustice:
Vous y verriez encore Adonis & Narcisse
  Dont l'vn fut aimé de Cypris,
L'autre fut de son ombre auueuglement épris.

# DV S<sup>t</sup> TRISTAN.

Ie vous ferois sçauoir tout ce que l'on en dit,
Vous contant leurs vertus & leurs metamorphoses;
Quelle fleur vint du lait que Iunon respandit,
    Et quel sang fit rougir les roses,
Qui grossissent d'orgueil dés qu'elles sont écloses,
    Voyant leur portraict si bien peint
Dans la viue blancheur des lys de vostre teint.

Piqué secrettement de leur esclat vermeil,
Vn folastre Zephire à l'entour se promene;
Et pour les garantir de l'ardeur du Soleil,
    Les esuente de son halaine:
Mais lors qu'il les émeut, il irrite ma peine;
    Car aymant en vn plus haut point,
Ie voy que mes soupirs ne vous émeuuent point.

Là, mille arbres chargez des plus riches presans
Dont la Terre à son gré les mortels fauorise;
Et sur qui d'vn poinçon ie graue tous les ans
    Vostre chiffre & vostre deuise;
Font en mille bouquets esclater la cerise,
    La prune au ius r'afraischissant,
Et le iaune arbricot au goût si rauissant.

Là, parmy des Iasmins plantez confusément,
Et dont le doux esprit à toute heure s'exhale;
Cependant que par tout le chaud est vehement,
 On se peut garantir du hâle;
Et se perdre aisément dans ce plaisant Dedale
 Comme entre mille aymables nœux
Mon Ame se perdit parmy vos beaux cheueux.

Vne Grote superbe & de rochers de prix
Que des Pins orgueilleux couronnent de feüillage;
Y garde la fraischeur souz ses riches lambris
 Qui sont d'vn rare coquillage:
Mille secrets tuyaux cachez sur son passage,
 Moüillent soudain les imprudens
Qui sans discretion veulent entrer dedans.

D'vn costé l'on y void vne petite Mer
Que trauerse en nageant, vn amoureux Leandre:
De rage, autour de luy l'onde vient escumer
 Et luy, tasche de s'en deffendre;
Aperceuant Hero qui veille pour l'attendre,
 Et d'impatience & d'amour,
Brusle auec son flambeau sur le haut d'vne Tour.

Aux

# DV Sr TRISTAN. 169

*Aux niches de rocher qui sont aux enuirons
On void tousiours mouuoir de petits personnages;
Icy des charpentiers & là des forgerons,
   Qui trauaillent à leurs ouurages.
Et force moulinets faicts à diuers vsages,
   Qui font leur tour diligemment
A la faueur de l'eau qui coule incessamment.*

*Vne table de marbre où ie vais me mirer
Alors que ie n'ay pas le visage si blesme,
Pourroit bien de beau linge & de fleurs se parer
   Quand la chaleur seroit extréme,
Si vous vouliez venir y manger de la cresme
   Et des fraises, que cherement
Ie ne fais conseruer que pour vous seulement.*

*Vous n'y trouueriez pas de superbes aprets
Comme ceux que merite vne Beauté diuine:
Mais vous pourriez, à l'ombre au moins, y boire frais
   En des vases de Cornaline;
Et vos yeux, en vingt plats de Pourcelaine fine
   Pourroient confronter à souhait
La blancheur de vos mains auec celle du lait.*

                              Y

### LES AMOVRS

Cette colation ne se passeroit pas
Sans qu'on vous fist oüir quelque douce harmonie:
Philomele sans doute ayant vû vos apas,
    Voudroit flater leur tirannie:
Et mettroit en oubly la brutale manie
    Qui causa ses afflictions,
Pour dire un air nouueau sur vos perfections.

Un grand bassin de Cedre artistement graué
Dont l'ordre est merueilleux autant qu'il est antique,
Vous feroit admirer quand vous auriez laué,
    Les traits d'vne histoire rustique;
Monstrans sous quelle forme & par quelle pratique,
    Vertumne autrefois sçeut charmer
Celle qui comme vous, ne pouuoit rien aimer.

Il semble que Pomone escoute auec plaisir
Les subtils argumens qu'il tire de sa flame;
Et que cét amoureux, cache vn ieune desir
    Souz le teint d'vne vieille femme:
Tandis qu'il exagere auec beaucoup de blâme
    Ce courage dénaturé
Pour qui le pauure Yphis mourut desesperé.

# DV Sᵗ TRISTAN.

Cependant qu'il luy tient vn si charmant discours,
Les arbres les plus droicts se courbent pour l'entendre;
Vn Ruisseau qui l'escoute en areste son cours
   Et prés de luy se va répandre:
Bref vn pinceau sçauant, à peine eust pû pretendre
   Dans le tableau le plus exquis
L'honneur que sur ce bois le couteau s'est aquis.

Ie vous le donnerois dans l'acompagnement
D'vne corbeille vnique en sa rare maniere;
On ne la composa que d'osier seulement,
   Mais fust-elle d'or toute entiere,
L'art en seroit d'vn prix plus cher que la matiere,
   Tant vn Ouurier industrieux
La voulut releuer d'entre les curieux.

Obseruant les tresors que le Verger produit
Qui peuuent satisfaire au besoin de la vie:
Vous iriez les remplir, & des fleurs, & du fruit
   Dont alors vous auriez enuie;
Et lors, auec l'Amour dont vous seriez suiuie,
   Mes pensers au moins, baiseroient
Le sable & le gazon que vos pieds fouleroient.

*Parmy les arbrisseaux d'un Bois que vous verriez,*
*Ie vous enseignerois un nid de Tourterelles:*
*Les deux petits y sont, que vous enleueriez,*
    *Car ils n'ont point encore d'ailes;*
*Et puis, il est fatal à tous les plus fidelles*
    *Des animaux & des humains*
*De mettre leur franchise entre vos belles mains.*

*Apres nous irions voir par diuertissement*
*En un lieu tout couuert de Thim & de Melisse,*
*Des mouches dont le soin sert d'auertissement*
    *Pour le menage & la police;*
*Employant tous ce temps dans l'aimable exercice*
    *De tirer la manne du Ciel.*
*Et dérober aux fleurs dequoy faire le miel.*

*Vous auriez le visage & le sein tous voilez*
*Pour les considerer auec plus d'asseurance:*
*Car paroissans des Lys à des Roses meslez,*
    *Les abeilles par innocence*
*Pourroient bien se tromper à cette ressemblance,*
    *Et sans crainte de trop oser,*
*Vous faire quelque iniure en venant vous baiser.*

Vous leur verriez en l'air former vn bataillon
Si tost qu'entre leurs camps la guerre se commence;
Leur petit Roy volant, qui n'a point d'aiguillon,
    Vous enseigneroit la clemence :
A vous dont le couroux a tant de vehemence,
    Et dont les yeux, ou le penser
Ont tousiours quelques traits qui me viennent blesser.

De là, pour menager vn temps si precieux,
Visitans d'vn estang la paresse profonde,
Lors que l'on sent leuer vn Zephir gracieux
    Et baisser le flambeau du monde :
Vous pourriez comme luy vous aprocher de l'onde,
    Et par vn miracle nouueau
Faire voir à la fois deux Soleils dessus l'eau.

S'il vous plaisoit d'aller par ce frais Element,
I'armerois d'auirons vne nacelle vuide :
Bien que l'Amour me tienne en son aueuglement,
    I'oserois vous seruir de guide
A faire tout le tour de ce Christal liquide,
    Où les Diuinitez des eaux
Dorment dessus des lits des ioncs & de roseaux.

Vos yeux qui lanceroient des feux de tous costez
Leur feroient aussi tost entr'ouurir la paupiere;
Et voyant tout à coup luire tant de clartez,
 Cela leur donneroit matiere
De croire qu'en voulant gouuerner la lumiere,
 Quelque autre icune audacieux
Dans le char du Soleil seroit tombé des Cieux.

Puis, voyant tant d'apas & des perfections
Leur troupe autour de vous viendroit faire vne presse:
Tesmoignant plus de ioye & d'admirations
 Qu'en ces flots voisins de la Grece,
Thetis, au temps passé ne fit voir d'alegresse
 Auec sa maritime Cour
A la natiuité de la mere d'Amour.

Apres auoir monstré par cent traits complaisans
Que l'on doit adorer vos beautez & vos graces;
De leur plus beau poisson vous faisans des presens,
 Elles ne seroient iamais lasses
De vous venir offrir des lignes & des nasses:
 Si vous n'en faisiez du mespris,
Vous qui prenez si bien les cœurs & les esprits.

Vne chaste pudeur dont l'esclat est si beau
Semeroit vostre teint d'vne viue peinture,
Voyant tant de Beautez prés de vostre bateau
    Le corps nud iusqu'à la ceinture,
Et ie vous ferois rire apres cette auanture
    Voyant de quelle agilité
Ie ferois le Forçat en ma Captiuité.

Mais ie n'auray iamais tant de contentement;
Mon ame à qui les maux sont si fort ordinaires,
Parmy ses desplaisirs, se flate vainement
    De ces douceurs imaginaires:
Les Astres tous puissants & qui me sont contraires,
    Ne voudront pas se relascher
A m'acorder vn bien si sensible & si cher.

Que me sert-il d'auoir tant de fruits assemblez,
Tant de chévres, de beufs & de troupeaux à laine,
Et d'estre possesseur des raisins & des bleds,
    De ces monts & de cette plaine?
Si vostre cœur s'obstine auecque tant de haine
    A ne m'accorder iamais rien,
Puis-ie pas protester que ie n'ay point de bien?

## LES AMOVRS

Soit que l'Aftre du iour blanchiffe l'Orient,
Soit qu'il feme le foir du fafran dans la nuë,
Inceffamment les pleurs aux foupirs mariant,
    Ie me plains du coup qui me tuë:
Tout ceffe en l'Vniuers, mais mon mal continuë,
    Et la rigueur de mon deftin
Ne fe modere point le foir ny le matin.

La nuit humide & froide incitant au repos.
A beau fe prefenter d'Eftoilles couronnée;
Pour donner quelque tréve aux funeftes propos
    Que ie tiens toute la iournée.
Tous les autres humains changent de deftinée
    Portans les marques du trespas,
Mais moy ie fuis plus mort & fi ie ne dors pas.

De l'esprit & du corps errant de tous coftez,
Ie ne fay que me plaindre en cette inquietude;
Car toufiours mon penfer me dépeint vos Beautez
    Auecque voftre ingratitude.
Dieux! faut-il qu'vn Obiet foit fi doux & fi rude,
    Ne m'engageant à l'adorer
Que pour prendre plaifir à me defefperer?

Si quelquesfois mes yeux ne peuuent resister
Aux pauots, dont le somme acomplist tous ses charmes;
Morphée ingenieux à me persecuter
    Les tient tousiours trempez de larmes.
Il me vient effroyer auecque des alarmes
    Que ie ne sçaurois soutenir;
Las! ie fremis encore à m'en ressouuenir.

Ie vous voy ce me semble auec la maiesté
Qu'vne douceur tempere en vostre beau visage,
Me dire d'vn accent plein de seuerité
    Berger, ton soin m'est vn outrage;
Ie ne puis t'escouter, ny te voir dauantage,
    Tous tes soupirs sont superflus,
Va-t'en loing de mes yeux & ne retourne plus.

Surpris d'estonnement & saisi de douleur,
I'accuse vos rigueurs & le Ciel d'iniustice;
Et ne voulant plus viure apres vn tel mal-heur,
    Ie cours vers vn grand precipice
Pour terminer mes maux par vn dernier suplice;
    Et croy me lancer de si haut
Que d'horreur, en tombant ie m'esueille en sursaut.

Z

## LES AMOVRS

D'autre-fois, comme il plaift à la noire vapeur
Qui s'efleue toufiours de ma melancolie;
Vn Riual m'aparoift fous ce voile trompeur,
   Qui dans vn iour que l'on publie
Sous le ioug d'Himenée auecque vous fe lie,
   Sans que cela vous touche fort
Si le iour de fa fefte, eft celuy de ma mort.

Embrafé de cholere en cette extremité
Il m'eft auis qu'à l'heure au combat ie l'inuite;
Pour l'empefcher d'atteindre à la felicité
   Qui fembloit deuë à mon merite.
Mon bras du premier coup heureufement s'acquite
   Du foin de m'en rendre vainqueur,
Et l'ayant terraffé, ie luy mange le cœur.

Puis apres cét excez, ie me fens tout glacé
Craignant que ce duel ne vienne à vous déplaire:
Ie veux tout à l'inftant fuiure le trefpaffé
   Pour adoucir voftre cholere.
Mais fur ce mouuement, le Soleil qui m'efclaire
   Me monftre en me réjoüiffant,
Que voftre Nopce eft vaine & mon bras innocent.

Ainsi persecuté des cruautez d'Amour
Mon esprit se consume en des peines sans nombre:
Si mon dueil au matin commence auec le iour,
    Il croist le soir auecque l'ombre.
Et i'ay tousiours l'humeur si chagrine & si sombre
    Que sur la Terre & dans les Cieux
Ie ne voy point d'obiects qui ne blessent mes yeux.

Aussi tout est sensible à mon affliction;
Là bas dedans ces prez l'herbe en est presque morte:
Ces troncs ne sont sechez que de compassion
    Des desplaisirs que ie suporte.
Les vents en sont muets, & d'vne aimable sorte,
    Echo tasche à m'en consoler
En chaque solitude où ie vay luy parler.

Les Nimphes que Diane attire dans les bois
Abhorrant des mortels les prophanes aproches;
M'ont voulu demander la rigueur de vos loix
    Pour vous en faire des reproches;
Et celle d'vn ruisseau qui coule entre des roches
    Admirant l'excez de ma foy,
Murmure du mespris que vous auez pour moy.

Z iij

❧❧❧

S'il faut qu'en vous aimant, ie commette vn forfait,
Nos Bois & nos Hameaux sont pleins de mes complices;
Qui m'assistent tousiours de pensée, ou d'effet,
   Soit me rendant de bons offices,
Soit adressant au Ciel de secrets sacrifices,
   Afin que ceux de mon tourment
Soient acceptez de vous plus fauorablement.

❧❧❧

Vn Berger si subtil à guider le pinceau
Que son art bien souuent a trompé la Nature,
Vous obseruoit vn iour sur le bord d'vn ruisseau
   Pour me donner vostre peinture :
Lors selon ses souhaits, vos yeux parauanture
   Se conseilloient à ce miroir
De tout ce dont vos soins augmentent leur pouuoir.

❧❧❧

Vous auiez sur la teste vn chapeau retroussé
Où deux roses pendoient auec leur tige verte;
Vous teniez vers l'espaule vn bras tout renuersé,
   Vostre gorge estoit découuerte
Sur qui deux monts de neige animez pour ma perte,
   Ne vous souffrent de respirer
Que par des mouuemens qui me font soupirer.

Il a si bien tiré vos yeux & vostre teint,
Que deuant ce tableau ie suis tousiours en crainte :
Mais quoy ie recognoy qu'vn mal qui n'est pas feint
 Ne peut guerir par vne feinte.
Et dans mon souuenir vous estes si bien peinte
 Que les traits dont vous me charmez
Me sont mieux découuerts quand i'ay les yeux fermez.

Ie le garde pourtant auec autant de soin
Que vous pouuez garder vostre Brebis cherie :
Quelque part que ie sois, il n'en est iamais loin;
 Soit que i'erre dans la prairie,
Soit qu'à l'ombre d'vn bois ie tombe en résuerie,
 Soit que sur vn lac escarté
Ie contemple des eaux la molle oisiueté.

Il fut vn iour tesmoin des secrets qu'on m'aprit
Pour seruir d'antidote au trait qui m'empoisonne :
Ce sont quelques conseils d'vne Nimphe d'esprit
 Et d'vne fort belle personne.
La chose fut si vaine, & vous estes si bonne,
 Que ie puis bien vous la nommer
Sans que vous la puissiez pour cela moins aimer.

*La Mere de Mirtil, de ce divin Garçon*
*Dont l'esprit fut si doux & la valeur si rare:*
*Me voyant en langueur, me fit une leçon*
  *Qui me parut un peu barbare:*
*Voulant que de mes pleurs ie fusse plus auare,*
  *Et me rendisse moins soigneux*
*D'un sujet si superbe & si fort desdaigneux.*

*Tout ce qu'on void en vous luy plaist extrémement,*
*Mais bien qu'elle vous aime & qu'elle vous estime,*
*La pitié de mes maux la toucha tellement*
  *Qu'elle creut faire un moindre crime*
*A tenter un remede encor qu'illegitime,*
  *Qu'à laisser perir un Parant*
*Pour le vouloir traiter comme un indiferant.*

*Acante, me dit-elle, es-tu pas insensé*
*De viure de la sorte en faueur d'une Ingrate;*
*Qui se rit de ta plainte apres t'auoir blessé*
  *Dans la vanité qui la flate?*
*Faut-il pour l'esleuer, que ton esprit s'abate*
  *En faisant ainsi triompher*
*Ce Marbre que tes feux ne sçauroient eschaufer?*

Tu sçais comme la femme est d'vn sexe orgueilleux
Dont la rigueur s'acroist trouuant l'obeïssance ;
Ceux qui sçauent aimer estiment perilleux
   De luy donner trop de puissance.
Ie t'en parle possible, auecque cognoissance,
   Moy qui d'vn seul trait de mes yeux
Fis autre-fois languir vn des plus grands des Dieux.

Croy moy, relasche vn peu de ces soins si pressez,
Qui ne font qu'irriter cette humeur insolente;
Peut-estre ses pensers parestront moins glacez,
   Si ta flame parest plus lente :
C'est dedans les amours vne adresse excellente
   Lors que l'on peut bien exprimer
Que n'estant point aimé, l'on ne sçauroit aimer.

Mais si tous ces moyens ne te seruent de rien,
Il faut de ta memoire effacer son Image :
Ce seroit lascheté de vouloir tant de bien
   A qui ne veut que ton dommage.
Montre que son erreur te fait deuenir sage
   Quelqu'autre obiect aussi charmant
Fera moins de mespris d'vn si parfait Amant.

Cloris il est certain, luy dis-ie en souspirant,
Que cette passion m'a rendu miserable :
Ma peine auec le temps va tousiours empirant
  Et Siluie est inexorable.
Mais quoy ? ton apareil treuue vn mal incurable
  Ie n'en sçaurois iamais guerir,
Et quand ie le pourrois, i'aimerois mieux mourir.

Mon ame est si portée à cherir sa prison
Qu'elle pense tousiours à la rendre plus forte ;
Et ne sçauroit soufrir que iamais la Raison
  Luy parle d'en ouurir la porte.
O prodige nouueau ! que i'aime de la sorte
  Et que tant d'inhumanité
Ne puisse faire breche en ma fidelité.

Il ne m'est plus permis d'en faire moins de cas
Quoy que de cét excez mon esprit aprehende ;
Et i'ay les sentimens tellement delicats
  Pour les soins qu'il faut qu'on luy rende,
Que ie tiens qu'icy bas la gloire la plus grande
  Seroit celle de la seruir
Aussi parfaitement qu'elle m'a sçeu rauir.

Iusqu'au

Iusqu'au dernier soupir ie veux continuer
De suporter les loix de son cruel Empire:
Desormais mon amour ne peut diminuer,
 Pour voir augmenter mon martire;
Car l'ombre seulement, du bon-heur où i'aspire
  Me promet des contentemens
Qu'on ne peut obtenir auec trop de tourmens.

Acante en ces propos descouuroit son ennuy,
Lors qu'en l'interrompant, vn bruit le vint surprendre;
Aussi tost se tournant, il veid derriere luy
 Daphnis qui venoit de l'entendre,
Et qui de cette amour si fidelle & si tendre
  Marqua les mouuemens diuers,
Qu'auec peu d'artifice il a mis dans ces vers.

# LES AMOVRS

## A L'HONNEVR DE L'INCOMPARABLE SYLVIE.

### STANCES.

**S**CAVANTES Filles de Memoire,
   Qui d'vn espoir de gloire
Sur vostre double Mont flatez les beaux
   esprits;
Ie n'ay point de regret d'auoir suiuy vos traces,
   Et vous rens mille graces
Des celestes secrets que vous m'auez apris.

Sans doute mes vers sont plus rares
   Que ceux de ces Barbares,
Qui pour vous obliger font d'inutiles vœux :
Et certain desormais qu'ils ont de l'excellence,
   Ie puis sans insolence
Permettre qu'vn Laurier me presse les cheueux.

❦

*Quelle plume au siecle où nous sommes*
 *Du simple aduœu des hommes*
*Pourroit auec raison flater sa vanité?*
*Et ie voy toute-fois, que ma fortune est telle*
 *Qu'vne voix immortelle*
*Asseure mes escrits de l'immortalité.*

❦

*Mes chansons ont charmé l'oreille*
 *D'vne ieune Merueille*
*Dont l'aimable presence enchante tous les cœurs:*
*Elle trouue en mon stile vne douceur extréme*
 *Et confesse elle mesme*
*Que i'ay beaucoup de grace à monstrer ses rigueurs.*

❦

*Certes, ses bontez sont estranges;*
 *Ie n'ay mis ses loüanges*
*Qu'au Tableau que i'ay fait des rigueurs de ses loix:*
*Cependant à ma gloire elle dit mille choses*
 *D'vne bouche de Roses*
*Qui pourroit d'vn seul mot fauoriser des Rois.*

*Il faut confesser que Syluie*
*Est la honte & l'enuie*
*De tout ce que l'on void de parfaites Beautez :*
*Et que ce rare obiect a bien plus d'aduantage*
*Sur le plus beau visage,*
*Que le Soleil n'en a sur les moindres clartez.*

*Mais ses vertus incomparables*
*Sont vrayment adorables ;*
*Rien n'est égal aux dons qu'elle a receus des Cieux :*
*Et quelque doux apas que tout le monde y loüe,*
*Il faut que l'on auoüe,*
*Que son ame est encor plus belle que ses yeux.*

*Maistres de la Terre & de l'Onde,*
*Venez du bout du Monde*
*Voir ses beautez sans nombre & sans comparaison :*
*Amour est mon tesmoin, si ie dis que ses flames*
*En suprenant vos ames,*
*Ne leur sçauroient donner de plus belle prison.*

## FANTAISIE.

N iour Amour ſur la verdure
Repoſoit à l'ombre d'vn Bois ;
Lors qu'vn Serpent par auanture
Se gliſſa dedans ſon Carquois.

Diane le vint releuer ;
Mais ſoudain l'animal ſe jette,
Et diligent à ſe ſauuer,
Se lance comme vne ſajette.

Voyez vn peu quelle merueille
Dit-elle, les ſens eſtonnez :
Soit qu'il veille, ſoit qu'il Sommeille
Il a des traits empoiſonnez.

Aa iij

# VOYAGE FABVLEVX, FAIT A FONTAINE-BLEAV.

## ODE.

N des beaux obiects de la France
A quité ce plaisant sejour,
Amenant auec soy l'Amour,
Les Graces & mon esperance:
Le Sort vient de nous en priuer;
Vn Carosse vient d'enleuer
La Beauté de tous adorée:
Et fendant promptement les Airs,
A laissé la Cour esplorée
Dans la nuict & dans les Dezerts.

Les Cheuaux pouſſans vne haleine
Dont on voyoit le feu ſortir,
Monſtroient ce preſſant deſpartir
Qu'ils eſtoient tous fiers de leur peine;
Mais la Merueille qu'ils menoient,
Par tout où ſes yeux ſe tournoient
Lançoit vne flame ſi claire,
Qu'elle a fait douter en ces lieux
Qu'vn autre Cocher temeraire
Fuſtn core tombé des Cieux.

Maintenant vne autre contrée
Que Flore embelliſt en tout temps,
Fait montre de ſon doux Prin-temps
Aux yeux de l'adorable Aſtrée.
Les Dieux pour flater ſes deſirs
Font arriuer tous les plaiſirs
En cette agreable demeure:
Et laiſſans leurs charges aux Deſtins,
Ne s'occupent plus à cette heure
Qu'à luy preparer des feſtins.

La Ieuneſſe en dreſſe les Tables,
Tandis le beau Parent d'Hector
Prepare dans des Vaſes d'or
Les boiſſons les plus delectables.
Pomone & le Dieu qui la ſert
Diſpoſent déja le deſſert
Dans des plats de nacre & de glace :
Y rangeant mille nouueautez,
Dont encore l'ordre & la grace
Diſputent auec les beautez.

Rien ne gouuerne plus le Monde,
Les Cieux ſe meuuent ſur leur foy,
Neptune ne fait plus la loy
Aux boüillantes fougues de l'Onde :
Les Antres ſont inhabitez,
Et toutes les Diuinitez
Qui font ſubſiſter la Nature
Iuſques au moindre demy-Dieu,
Suiuent tous les pas de Mercure
Pour honorer vn ſi beau lieu.

*Celle*

*Celle qui n'est point appellée*
*En ces banquets delicieux,*
*C'est celle qui broüilla les Dieux*
*Au mariage de Pelée :*
*Mais on a beau la negliger,*
*Elle ne sçauroit s'en vanger*
*Ny sur les Dieux, ny sur les hommes.*
*Il n'est point de Divinité*
*Qui voulust disputer ces pommes*
*Avec cette rare Beauté.*

*Mais n'est-elle point retournée?*
*C'est possible un pareil sejour*
*A ces Clymats chez qui le iour*
*Dure la moitié de l'année.*
*O beau Soleil dont les clartez*
*Produisent les fœlicitez*
*Par une si douce influence;*
*Nostre Hemisphere est-il reduit*
*A recevoir de vostre absence*
*L'ennuy d'une si longue nuit?*

*Quelles si charmantes delices,*
*Dignes de vous entretenir,*
*Vous peuuent bien tant retenir*
*En despit de nos sacrifices?*
*Reuenez bien tost en ces lieux,*
*Rendez nous bien tost ces beaux yeux*
*Qui font honte aux plus belles choses;*
*Ces beaux yeux si doux & si chers,*
*Pour qui l'on void naistre des roses*
*Sur le faiste de ces Rochers.*

*Venez entendre nos fontaines*
*Dont le bruit confesse tout bas*
*Que vous auez bien plus d'appas*
*Qu'elles n'eurent iamais d'areines.*
*La fidelle glace de l'eau*
*Vous faisant voir vostre tableau*
*Par vn si naturel office,*
*Vous deffendra bien de douter*
*Que la Nature ou l'artifice*
*Y puissent plus rien adiouster.*

*Mais euitez cette aduanture:*
*N'approchez point de leur cristal,*
*Ce miroir vous seroit fatal*
*En vous offrant vostre peinture:*
*L'eau soudain vous enflammeroit,*
*Vos beaux yeux qu'elle charmeroit*
*Luy feroient vn mortel hommage:*
*Narcisse que l'Amour jaloux*
*Rendit espris de son image,*
*Ne fut iamais si beau que vous.*

# POVR LES YEVX
## de *

*VOVS qui m'auez l'Ame rauie,*
*Et par qui ie n'ay plus de vie*
*Que pour ressentir mes douleurs:*
*Beaux Chef-d'œuures de la Nature,*
*Beaux yeux, lisez mon aduanture*
*Que ie vous escry de mes pleurs.*

*Vous direz que i'ay trop d'audace
D'oser vous conter ma disgrace,
Et c'est trop oser en effet :
Mais, doux Auteurs de mon martire,
Qu'il me soit permis de vous dire
L'outrage que vous m'auez fait.*

*Depuis que vostre viue flame
Charma si doucement mon Ame
A l'obiet de vos chers apas ;
Ie vy sous vne loy si dure
Que les moindres maux que i'endure
Sont pires que mille trespas.*

*Depuis ma peine est immortelle ;
Vostre beauté tient en querelle
Mes passions & ma raison :
Tout m'irrite, rien ne me flate,
Et comme vn nouueau Mytridate
Ie ne vy plus que de poison.*

*Mais quel bien peut flater mes peines*
*Dans les cruautez inhumaines*
*Où vous me faites consommer;*
*Puisque mille rigueurs extrémes*
*Deffendent à mes pensers mesmes,*
*La liberté de vous aimer ?*

*Dans le desir qui me possede,*
*Que n'estes vous comme Andromede*
*Exposez sur quelque Rocher;*
*L'ardeur dont i'ay l'ame occupée*
*A la faueur de mon espée*
*Vous yroit bien tost destacher!*

*O que dans la melancholie*
*De mon agreable folie*
*Ie souspire de fois le iour!*
*Et qu'en ces fureurs insensées*
*I'entretiens souuent mes pensées*
*Des images de mon amour.*

Bb iij

*Mais beaux yeux, c'est tousiours en crainte,*
*Car dans cette estroite contrainte*
*Où tant de respects m'ont soubmis,*
*La pitié de voir mes alarmes*
*Pouroit mesme obtenir des larmes*
*De mes plus mortels ennemis.*

*Si par fois rompant le silence*
*Ie donne air à la violence*
*Du beau feu qui me fait mourir,*
*Ne m'en faites point de reproches,*
*Beaux yeux, ce n'est rien qu'à des roches*
*A qui i'en oze discourir.*

*Quelques dezerts inhabitables*
*Doux promenoirs des miserables*
*Que l'horreur esloigne de tous :*
*Quelque bois, ou quelque riuage*
*Peuuent seuls rendre tesmoignage*
*Des plaintes que ie fais de vous.*

C'est là que triste & solitaire
Quelquefois i'ay peine à me taire
Pressé de trop d'affliction :
Encore mes pensers redoutent
Que les Zephires qui m'escoutent
Ne divulguent ma passion.

Ainsi l'ame dolente & triste
Acaste aux beaux yeux de Cariste
De ces maux contoit la moitié.
Et lors, comme touchez de charmes,
Ses beaux yeux respandoient des larmes,
Soit d'amour, ou soit de pitié.

# LES AMOVRS

## LES COMPLAI-
### sances.

E veux que le Ciel en couroux
M'acable d'vn coup de Tonnerre
Si ie cognois rien sur la Terre
Qui soit charmant au prix de vous.

Ie croy qu'Amour estoit moins beau
Ayant débroüillé toutes choses,
Lors qu'il dormoit dessus les Roses
Dont Venus luy fit vn berceau.

O que vostre bouche a d'apas!
Que de charmes elle descouure,
Soit quand il aduient qu'elle s'ouure,
Soit quand elle ne s'ouure pas!

*Elle*

*Elle peut bien intereſſer*
*Tous les Seigneurs de ces Prouinces:*
*Ie doute meſme, ſi des Princes*
*Seroient dignes de la preſſer.*

## PLAINTE A LA BELLE BANQVIERE

**P**HILIS, *vous aueʒ eu tort*
*D'auoir rebuté ſi fort*
*Mes vœux & mes ſacrifices;*
*Vous aurez des entretiens,*
*Et receureʒ des ſeruices*
*Qui ne vaudront pas les miens.*

*Ie deuois ſans vous aimer,*
*Vous voir ainſi qu'vne Mer*
*Fatale à beaucoup de Barques;*
*Et d'vn iugement plus meur*
*Obſeruer toutes les marques*
*Du reflux de voſtre humeur.*

Cc

I'aurois preueu le danger
Que l'on trouue à s'engager
Auec vn esprit volage,
Et cogneu facilement
Les signes de mon naufrage,
Auant mon embarquement.


Mais soudain que ie vous vy
Mon cœur se sentit rauy;
Cette ardeur fut trop soudaine :
Vostre derniere action
Me fait bien porter la peine
De ceste indiscretion.


Mon humeur a dés apas
Qui ne vous déplûrent pas
Dés la premiere visite :
Mais vn fatal entretien
En vous loüant mon merite,
Vous aprit mon peu de bien.

Ce mot glaça vos esprits ;
C'est de là que vos mespris
Ont leur veritable source :
Aussi vous trompiez vous fort
Si vous croyez que ma bource
Fust la bource de Mommort.

O sentiment criminel !
Bien qu'vn pouuoir paternel
Vous oblige de le prendre.
Quoy, cét auare auiourd'huy
N'acceptera pas vn gendre
S'il n'est riche comme luy ?

Peut-il tenir precieux
Vn metal pernicieux
Qui maintient par tout la guerre,
Et cherir si tendrement
De lourdes pieces de terre
Qui n'ont point de sentiment ?

Pour augmenter ses tresors
Il perd son ame & son corps,
Se consumant de tristesses.
Vn homme de iugement
Peut auec moins de richesses,
Viure plus heureusement.

Encore qu'à bien compter
Ie ne puisse me vanter
Que de mille francs de rente:
Ie me treuue plus content
Qu'vn Auare qui se vante
De plus de vingt fois autant.

Mes desirs sont limitez,
Ie n'ay point les vanitez
D'aler ny suiuy, ny braue:
Nul soin ne me va chargeant,
Et ie ne me rends esclaue
Des hommes, ny de l'argent.

Abhorrant l'émotion
Et la sale passion
Des Ames interessées,
Ie laisse courir mes sens
Et promener mes pensées
Sur des obiets innocens.

Le bien de sentir des fleurs
De qui l'ame & les couleurs
Charment mes esprits malades,
Et l'eau qui d'vn haut rocher
Se va jettant par cascades
Sont mon tresor le plus cher.

Le doux concert des oyseaux,
Le mouuant christal des eaux,
Vn bois, des prez agreables;
Echo qui se plaint d'Amour,
Sont des matieres capables
De m'arrester tout vn iour.

*C'est en voyant ces obiets,*
*Que sur de dignes sujets*
*Ie vay résvant à mon aise;*
*Et que mes soins diligens*
*Cherchent vn vers qui me plaise,*
*Et plaise aux honnestes gens.*


*Mais vous ne m'escoutez pas;*
*Ces discours sont sans apas*
*S'ils ne suiuent d'autres offres:*
*Ils seroient considerez*
*Si i'auois tout plein mes coffres*
*Des Dieux que vous adorez.*

## ADVIS MAL RECEVS.
### SONNET.

Croyez moy, vous marchez sous de mauuais
    auspices,
Vous prenez pour vn corps vne vaine va-
    peur:
Vous courez sur la glace & n'auez point de peur
Quand ses extrémitez pandent en precipices.

L'espoir qui vous promet des biens & des delices,
Est fondé sur la foy d'vn fantosme trompeur.
Le poignard est tout prest de vous percer le cœur,
Et si de vostre mort vous aimez les complices.

Mais quoy? ie parle en vain, vous ne m'escoutez pas:
Vn desir aueuglé va transportant vos pas:
De honte & de regret l'impudence est suiuie.

C'est trop perdre de temps en discours superflus,
Acheuez, perdez vous, puisque c'est vostre enuie,
Ie me garderay bien de vous en parler plus.

# LES AMOVRS

## LA PALINODIE.

Ie pensois que vous eussiez
Mille vertus heroïques :
Ie croyois que vous fussiez
De ces esprits Angeliques.
Auiourd'huy l'émotion
D'vne folle passion
Monstre le fonds de vostre Ame :
Où ie voy distinctement
Que vous n'estes qu'vne femme,
Mais femme, parfaitement.

# LE RAVISSEMENT d'Europe.

## SONNET.

EVROPE s'apuyant d'vne main sur la croupe,
Et se tenant de l'autre aux cornes du Taureau,
Regardoit le riuage & reclamoit sa troupe
Qui s'affligeoit de voir cét accident nouueau.

Tandis, l'amoureux Dieu qui brusloit dedans l'eau
Fend son jaspe liquide & de ses pieds le coupe
Aussi legerement que peut faire vn vaisseau,
Qui le vent fauorable a droitement en poupe.

Mais Neptune enuieux de ce rauissement,
Disoit par moquerie à ce lascif Amant
Dont l'impudique ardeur n'a iamais eu de bornes.

Inconstant qu'vn sujet ne sçauroit arester,
Puisque malgré Iunon tu veux auoir des Cornes,
Que ne se resoust-elle à t'en faire porter.

Dd

## LES AMOVRS

## LE PORTIER
### inexorable.

### SONNET.

SI l'amour du bon vin qui ton visage enflame
Adoucist quelquefois ton courage irrité;
Suisse rabats un peu de ta seuerité,
Et permets ce matin que i'aille voir Madame.

Deux flacons d'un muscat qui touche iusqu'à l'ame
Seront le prix certain de ta ciuilité;
Mais il ferme la porte auec brutalité,
En vain ie le coniure, en vain ie le reclame.

Si ce lieu m'est tousiours de si fascheux acceZ,
Ie ne puis esperer aucun heureux succeZ,
Et que rien me console en ma peine cruelle.

Dieux ! pour eterniser la rigueur de mes fers
Mettrez vous point Cerbere à garder cette Belle;
Il suffit de ce Suisse à garder les Enfers ?

## L'AMOUR DUrable.

### SONNET.

ELLE dont la dépoüille en ce marbre est
enclose
Fut le digne sujet de mes saintes a-
mours.
Las ! depuis qu'elle y dort, iamais ie ne repose,
Et s'il faut en veillant que i'y songe tousiours,

Celuy qui des mortels à son vouloir dispose,
Esteignit ce Soleil au milieu de son cours ;
La charmante Philis passa comme vne Rose,
Et sa beauté plus viue, eut des termes plus courts.

La Mort qui par mes pleurs ne fut point diuertie,
Enleua de mes bras cette chere Partie
D'vn agreable Tout qu'auoit fait l'amitié.

Mais ô diuin Esprit qui gouuernois mon ame,
La Parque n'a coupé nostre fil qu'à moitié
Car ie meurs en ta cendre, & tu vis dans ma flame.

# LES AMOVRS

## LA SAGE CONSI-deration.

### SONNET.

MON ame, esueille toy du dangereux sommeil
Qui te pourroit conduire en des nuits eternelles :
Et chassant la vapeur qui couure tes prunelles,
Ne pren plus desormais l'ombre pour le Soleil.

Ne croy plus de tes sens le perfide Conseil,
C'est assez adorer des Obiects infidelles :
Seruons à l'auenir des Beautez immortelles
Que l'on treuue tousiours en vn estat pareil.

Aimons l'Autheur du monde, il est sans inconstance,
Sa bonté pour nos vœux n'a point de resistance,
Nous pouuons en secret luy parler nuit & iour :

Il cognoist nostre ardeur & nostre inquietude,
Et ne reçoit iamais de traits de nostre amour
Pour les recompenser de traits d'ingratitude.

## MISERE DE L'HOMME du monde.
### SONNET.

Venir à la clarté sans force & sans adresse,
Et n'ayant fait long temps que dormir & manger,
Souffrir mille rigueurs d'vn secours estranger
Pour quitter l'ignorance en quittant la foiblesse.

Apres, seruir long temps vne ingratte Maistresse,
Qu'on ne peut acquerir, qu'on ne peut obliger;
Ou qui d'vn naturel inconstant & leger,
Donne fort peu de ioye & beaucoup de tristesse.

Cabaler dans la Cour; puis deuenu grison,
Se retirant du bruit, attendre en sa maison
Ce qu'ont nos derniers ans de maux ineuitables.

C'est l'heureux sort de l'homme. O miserable sort !
Tous ces atachemens sont-ils considerables,
Pour aimer tant la vie, & craindre tant la mort ?

### FIN.

Nil solidum.

## PRIVILEGE DV ROY.

LOVIS PAR LA GRACE DE DIEV ROY DE FRANCE ET DE NAVARRE : A nos Amez & Feaux Conseillers les Gens tenans nos Cours de Parlement à Paris, Thoulouze, Roüen, Bordeaux, Aix, Grenoble, Dijon, Rennes, Metz : Maistres des Requestes ordinaires de nostre Hostel, Preuost de Paris, Baillifs, Seneschaux, & tous autres nos Officiers & Iusticiers qu'il appartiendra, Salut : Nostre bien amé PIERRE BILLAINE, Marchand Libraire en l'Vniuersité de nostre ville de Paris, nous a fait remonstrer qu'il a recouuert vn Liure intitulé, *Les œuures Poëtiques du sieur Tristan*, Lequel Liure il desireroit faire imprimer ; mais il craint qu'apres auoir fait de grands frais & despences pour l'impression d'iceluy, quelques autres le voulussent entreprendre à son preiudice, s'il ne luy estoit pourueu de nos Lettres à ce necessaires ; Requerant humblement icelles, A CES CAVSES desirant fauorablement traitter ledit exposant, luy auons permis & octroyé, permettons & octroyons par ces presentes, d'imprimer ou faire imprimer, vendre & distribuer ledit Liure, en tel volume & caractere que bon luy semblera, & ce durant le temps & espace de neuf ans, à compter du iour que ledit Liure aura esté acheué d'imprimer ; Faisant deffence à toutes personnes de quelque qualité qu'ils soient, d'imprimer, vendre & debiter ledit Liure en quelque façon & maniere que ce soit, sur peine de deux mil liures d'amande, applicable moitié à nous & l'autre moitié audit Billaine, auec confiscation de tous les exemplaires qui se pourront trouuer, despens, dommages & interests: A la charge de mettre trois exemplaires, sçauoir deux en nostre Bibliothecque, à present gardée au Conuent des Cordeliers de nostre ville de Paris, & le troisiesme en celle de nostre trescher & feal Cheualier le sieur Seguier garde des Sceaux de France, auant que de les exposer en vente suiuant nostre Reglement, à peine d'estre décheus du present Priuilege. SI VOVS MANDONS que du contenu en ces presentes vous fassiez & souffriez, ledit exposant, ou ceux qui auront droit de luy, ioüir: Voulons qu'en mettant en chacun exemplaire du Liure, copie ou extraict du present Priuilege, il soit tenu pour signifié; CAR tel est nostre plaisir, nonobstant clameur de Haro, Chartre Normande, & Lettres à ce contraires. DONNE' à Paris le sixiesme iour de Iuin l'an de grace 1635. Et de nostre Regne le vingt-sixiesme. Par le Roy en son Conseil, DE MONCEAVX.

## Acheué d'imprimer ce vingtiesme May mil six cens trente-huict.

---

Et ledit Billaine a cedé & transporté la moitié de ce present Priuilege à Augustin Courbé aussi Marchand Libraire à Paris.

www.ingramcontent.com/pod-product-compliance
Lightning Source LLC
Chambersburg PA
CBHW051858160426
43198CB00012B/1652